JN205770

10年後のGAFAを探せ

世界を変える100社

日経ビジネス編

日経BP

はじめに

その〝予言〟は、今振り返っても正鵠（せいこく）を射たものだった。

グーグルとアマゾン・ドット・コムが合併して「グーグルゾン」が誕生し、膨大なデータを分析することで、世界中の人々の思想から消費行動まで詳細に把握して、メディア、そして社会を実質的に支配する――。

２００４年に公開されたフラッシュムービー「ＥＰＩＣ２０１４」が描いた世界だ。現実にはグーグルとアマゾンは合併しておらず、空想の物語だが、「データを握るものが世界を支配する」という鮮烈なメッセージは、核心を突いたものだった。

今、世界に君臨するテクノロジーの巨人たちは、まさに大量の個人情報を手中にして、強大な支配力を持つようになっている。グーグル、アマゾン、フェイスブック、アップル。４社の頭文字を取って「ＧＡＦＡ」とも呼ばれる。

地球上でインターネットを利用する何十億もの人は、毎日のようにＧＡＦＡの製品やサービスに触れている。それはもはや電気や水道のように生活に欠かせないインフラになった。

グーグルの検索や電子メールの「Ｇｍａｉｌ」は老若男女を問わず、多くの人が毎日使う。スマートフォンやテレビも、同社のＯＳ（基本ソフト）「アンドロイド」を採用する製品が多い。

アマゾンでオムツや飲料水を注文すれば、早ければその日のうちに届き、同社のＡＩスピーカー「アレクサ」に分からないことを質問すると、すぐに答えを教えてくれる。フェイスブックに、今日の出来事を書き込んで友達と交流したり、アップルの「ｉＰｈｏｎｅ」の画面を1日に何時間も眺め、ＡＩの「Ｓｉｒｉ」やスマホ決済の「アップルペイ」を使ったりする人も多いことだろう。

だが、こうした便利さはＧＡＦＡの「表の顔」だ。その裏側では、気持ち悪いほど詳細に、ユーザーの行動を把握している。大量のデータをＡＩで解析して、消費者が興味を持ちそうな広告を表示したり、商品をお勧めしたりするのは序の口で、水面下で集めた個人情報を他社に販売していることも明るみにでている。

世界中で強まる規制圧力

「21世紀の石油」とも言われるデータは〝金の生る木〟だ。それを武器に成長を続ける4社の株式時価総額は天文学的な数字になっている。19年5月時点で、それぞれ５０００億ドル（約55兆円）から1兆ドル（約１１０兆円）に達しており、世界のトップ5に君臨する。

だが、そんなＧＡＦＡも踊り場に立つ。「取得したデータを好き勝手に使って金儲けしている」

と批判され、規制する動きが世界で野火のように広がっている。

急先鋒はEU（欧州連合）。18年5月に個人情報を保護する「一般データ保護規則（GDPR）」を施行した。ターゲットはもちろん大量の個人情報を保有するGAFA。19年1月、グーグルは同法に違反したとされ、5000万ユーロ（約62億円）の制裁金を課せられた。フェイスブックもGDPR法違反で訴えられている。

GAFAは独占禁止法でも罪に問われている。EUの執行機関である欧州委員会は、19年3月、ネット広告事業で競争を制限する契約を結んでいたとして、グーグルに14億9000万ユーロ（約1900億円）の制裁金を課した。フェイスブックやアマゾン、アップルに対する調査も始まろうとする。

米当局も動いた。司法省や米連邦取引委員会（FTC）が、GAFAを独禁法違反で調査する方向だ。日本やインドでもGAFAを規制する動きが広がる。

「私が米国の大統領になったら、GAFAを解体する」。そんな公約を掲げる政治家まで登場した。米民主党のエリザベス・ウォーレン上院議員だ。「解体論」まで飛び出す状況では、4社の行動は制約を受け、勢いは間違いなくそがれるだろう。

GAFAの姿は20年前のマイクロソフトにも似る。OS市場での圧倒的なシェアを背景に競争を阻害した、と米司法省に訴えられた。12年続いた訴訟への対応に追われる中で、同社は勢いを失い、ＩＴ業界のリーダーの地位をＧＡＦＡに明け渡す。マイクロソフトの株価は10年以上低迷し、復活を遂げたのは最近のことだ。ＧＡＦＡも同じ轍を踏まないとは限らない。

そんな中、新たなイノベーションを生み出す次のベンチャーに対する関心が高まっている。ＧＡＦＡが身動きを取りにくい状況は、新興勢力にとって追い風になるからだ。

勃興する次世代のイノベーターたち

ＡＩやソフトウエアを活用したイノベーションは、コミュニケーション、モビリティー、マネー、ロボット、ヘルスケア、フード、エンターテインメントなど多様な分野で同時多発的に起きようとしている。従来のビジネス、生活、インフラのあり方を劇的に変えかねないものだ。

空飛ぶクルマ、宇宙開発、量子コンピューター、ライドシェア、ビッグデータ解析、ホワイトカラーの仕事を代替するソフトウエアロボット、がん治療……。世界を見渡せば、多様なイノベーションを生み出すユニークなスタートアップが続々と出現している。その企業価値は、すでに数千億円から数兆円規模に達しているケースも目立つ。

勃興している場所は、米シリコンバレーに限らない。中国、インド、イスラエル、英国、ドイツ、シンガポール、日本など、世界各地に広がっている。

今後、どんな企業が台頭し、10年後にＧＡＦＡに取って代わるような存在になるのか。本書では「世界を変える１００社」の実像に迫る。

２０１９年6月　日経ビジネス編集部

第4章 ネットとリアルを融合

第5章 ビジネス・コミュニケーション

第6章 エンターテインメント／宿泊サービス

第7章 フィンテック

第8章 ロボット・IoT

第12章 ヘルスケア

第13章 流通・食事宅配・食品

第16章 データ分析・エネルギー・素材

The Next Frontier

第1章　次のフロンティアはここだ

001

ビィ・フォアード *Be Forward*

中古車輸出 ― 日本 ― 企業価値 ―

新興国の〝アマゾン〟目指す越境EC

手元の温度計は、氷点下20度を示していた。2018年12月中旬、モンゴルの首都ウランバートル近郊の貨物ターミナル。吐いた息がそのまま凍り付きそうな極寒の季節だが、モンゴル人たちは何食わぬ顔で、コンテナの荷降ろし作業を黙々とこなしている。

神奈川県の川崎港から海路で中国・天津へ、そこから鉄道に載せ替えての計20日間。約3500㎞の長旅を終えたコンテナから降ろされているのは日本の中古車だ。これだけなら中古車輸入の現場では珍しくない光景だが、このあと作業員たちがトランクを開けると、段ボール箱が姿を現した。印刷されているのは花王の紙おむつ「メリーズ」のロゴ。前のオーナーの忘れ物？ いや違う。

海外の消費者向けに中古車販売サイトを運営する、ビィ・フォアード（東京・調布）が積んだ荷物だ。同社は「輸出する車両の空きスペースを有効活用する」という秘策を武器に、越境EC（ネット通販）世界大手への変貌をもくろむ日本企業なのだ。

「新興国のアマゾン・ドット・コムになる」と真顔で話すのは山川博功社長。大言壮語に聞こえるかもしれないが、思い返してほしい。グーグルにアマゾン、フェイスブック、アップル。各社の頭文字から「GAFA」と称される米巨大IT（情報技術）企業の成長を、ほんの十数年前にどれだけの人が予測できていただろうか。

「後発」の新興国で存在感

ビィ・フォアードの強みはアフリカやカリブ諸国といった、新興国のなかでも比較的「後発」とされる国々にある。設立は04年、売上高は18年6月期に570億円。アマゾンより規模は小さいが、これら後発の新興国ではアマゾンを圧倒する物流網を持つ。

そのネットワークはコンテナ船が接岸できる港湾付近に限らない。クリック一つで我が街まで質の高い日本車を届けてくれる。そんなサービスを実現すべく、現地のパートナー企業を開拓。モンゴルのような内陸国なら鉄道に載せ替えて運び、道路事情が悪くキャリアカーを運行できないアフリカなら隊列走行するドライバーを手配する。提携するパートナー企業は世界で

45社を数え、販売実績は153カ国に及ぶ。

これだけ多くの現地パートナーと組めるのは、ビィ・フォアードが「もうかる提携先」だからだ。17年度に輸出した中古車は15万436台。モンゴルだけでも月1500台、タンザニアでも月1000台という大きな物量だ。

ビィ・フォアードから受注する業務で会社が成り立っている現地パートナーがほとんど。「最近は向こうから提携したいと申し出てくる」(山川社長)。東京・調布の本社に、アポイントなしでアフリカ人が提携交渉に訪れることも珍しくない。

「かつては空気を運んでいた」

平坦な道のりではなかった。設立当初は知名度ゼロ。07年度の輸出台数はわずか6670台だ。だがスマート

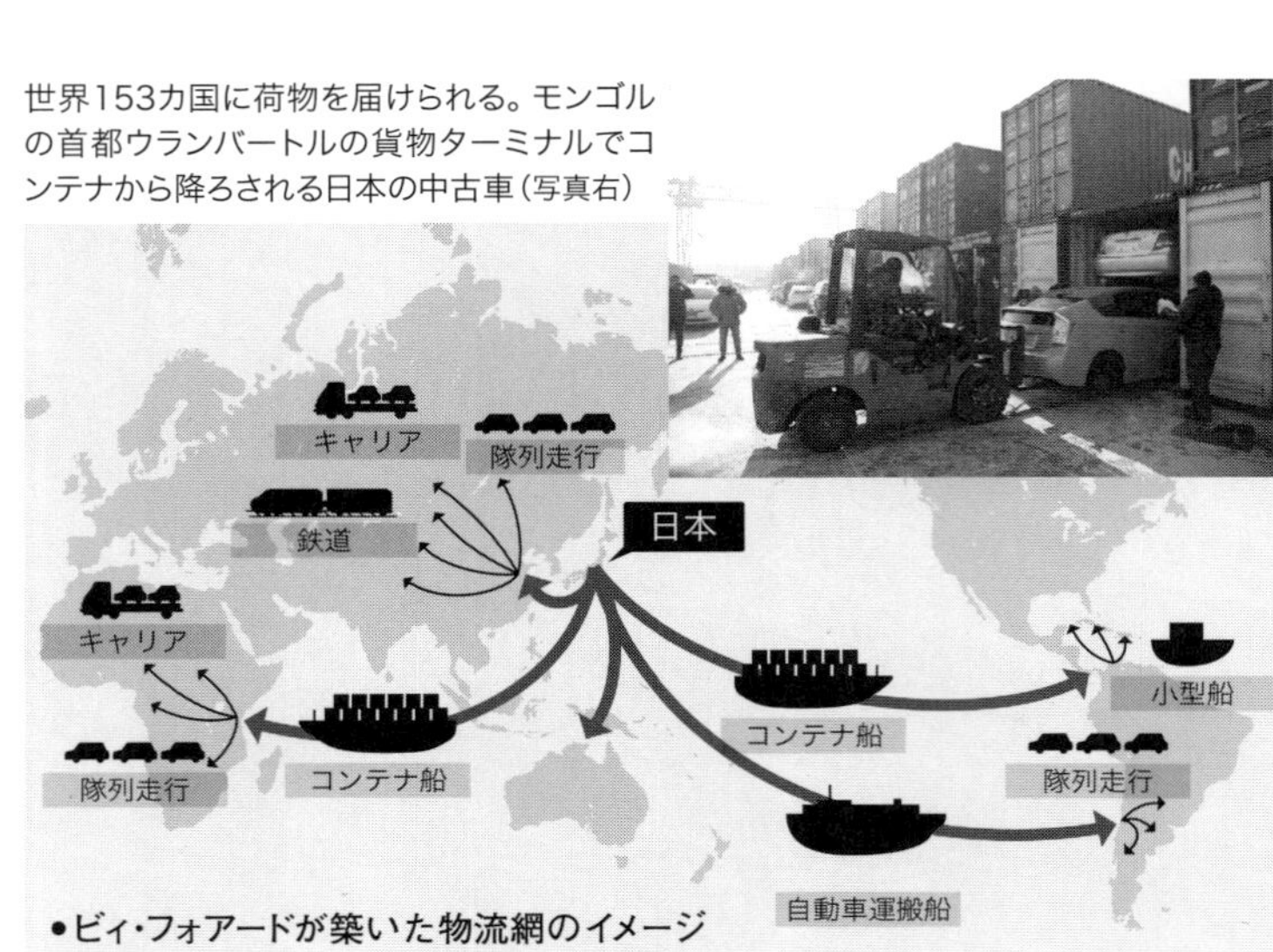

世界153カ国に荷物を届けられる。モンゴルの首都ウランバートルの貨物ターミナルでコンテナから降ろされる日本の中古車（写真右）

●ビィ・フォアードが築いた物流網のイメージ

フォンの爆発的な普及が追い風となった。ビィ・フォアードは輸出車両に自社ロゴを施したステッカーを貼り、顧客にオリジナルのTシャツを贈った。口コミの拡散によりブランド認知度を高めた。

同時にサービスにも磨きをかけ続けた。現地からの問い合わせに即座に返信できるよう、本社ビルには60人超の外国人が常駐で勤務。世界35カ国語でのやり取りに対応できるようにした。

「クルマと一緒に生活用品も送ってくれないか」。そんな問い合わせが目立ち始めたのは15年ごろのことだ。座席上やトランク内部など、クルマには空きスペースが多い。「荷物が増えるといっても、これまで空気を運んでいた場所についでに載せるだけ。船賃は実質タダで運べる」(山川社長)

例えばアフリカ・ウガンダの顧客から注文を受けて、24インチの液晶ディスプレーを日本から送るとする。米UPSや米フェデックスなどの国際物流大手だと配送料は航空便で365～712ドル。一方、輸出車両のスキマに載せるビィ・フォアードは船便で20ドルだ。

自動車はもちろん、電気製品から生活用品に至るまで……。自国の産業が発達していない新興国では、豊かな生活を送ろうとすると海外からの商品輸入に頼らざるを得ないのが実情だ。モンゴルでも「メリーズ」など高品質な日本の紙おむつは羨望の的。だが通常ルートで輸入すると、高い運送コストが製品価格に上乗せされてしまう。良いものを安く買えるようにするビィ・フォアードの物流は、現地の生活水準向上にもつながる。

もちろん、船便より航空便を選びたい顧客もいるだろう。そこで提供しているのが、UPSやフェデックスなど国際物流大手で荷物を運ぶときの運賃を一覧表示するシステムだ。国際物流大手といえども、新興国向けのデータの蓄積はそう豊富ではない。基本運賃は決められていても、その時々の需給に応じて大きく変動したり、税関手続きなどで想定外のコストが発生したりもする。

ビィ・フォアードは中古車物流で蓄積したデータを活用することで、サイト上で想定運賃を顧客に提示する。実際に発生した輸送コストが万が一、提示した運賃を上回った場合は、責任を取って損失分を補填する。遠く離れた異国からの買い物でも、新興国の消費者に安心して利用してもらえる環境を整えているのだ。

これまでの物流はほとんどが日本発だったが、左ハンドル車を商材に取り入れるべく、既に韓国やオランダからの中古車輸出にも乗り出した。19年3月には米国からの輸出も本格化する。これまでの「日本から世界へ」というモノの流れに、「世界から世界へ」という大きな流れが加わる。

「膨大な品ぞろえを誇るアマゾンも最初は書店から始まった」と山川社長は語る。「我々も『かつてはクルマ屋さんだった』と言われるくらいの存在になっていきたい」

過去10年、世界の数多くの業界秩序を一変させてきたＧＡＦＡ。その筆頭が「世界中の情報を整理する」を掲げ、インターネット時代の商売の入り口となる「検索」を極めたグーグルだった。では10年後、「次のＧＡＦＡ」になっているのはどんな企業か。将来を正確に見通すことは難しいが、いくつかの条件は既に見えている。

「次のＧＡＦＡ」への条件

まずは、ＧＡＦＡをはじめ既存の巨大なＩＴ企業が制圧していない新たなフロンティアを探り当てること。先行者が圧倒的な地位を築いた領域で、経営資源の少ない挑戦者がこれから真っ向勝負を挑むのは得策とはいえないからだ。

もちろんデジタル技術やＩＴの活用は避けては通れない道。だが単にネットサービスを提供するのでは大資本を有する巨大ＩＴ企業にすぐ追随される。大切なのは、にわかには追いつかれることのない、実世界における強みを磨くことだ。ビィ・フォアードに期待がかかるのも、新興国というフロンティアで、独自の物流とネット通販を組み合わせた新サービスを提供しているからだ。

経済誌「日経ビジネス」は、世界を変える可能性を秘めたベンチャーを世界各地で取材した。

本章（1章）～4章では、本書で紹介する100社のハイライトとして、従来のビジネスモデルを破壊したり、生活を激変させたりするユニークな20社をまず紹介する。

Disruptive Business Models

第２章　ビジネスの常識を破壊する

002

ウィーワーク WeWork

シェアオフィス　米国　企業価値 450億ドル(約4兆9500億円)

非効率なオフィスを変えるプラットフォーム

検索やSNS(交流サイト)、ネット通販などのBtoC(消費者向け)サービスでは勝者が確定した。「GAFA」4社は得意分野で圧倒的な地盤を固めつつ、互いに領土を侵犯する。一方でBtoB(企業向け)のITサービスに目を転じると、いまだ手つかずの「余白」が残されている。米マイクロソフトの存在は依然として強大だが、スタートアップにつけ入る隙があるのも事実だ。

その中でも起業家が熱い視線を送っているのがオフィスだ。検索やSNSの進化によってホワイトカラーの働き方は大きく変化したが、物理的なオフィス環境はほとんど変わっていない。それを「デジタル」と「人間味」の両面で変えようとしているのが米ウィーワーク。シェアオフィス大手として規模を急激に拡大している。

３年先のビジネス環境さえ不透明な時代。10年、20年の長期固定でオフィスを借りるのはリスキーだ。その点ウィーワークであれば、環境に応じて柔軟にオフィスを増減できる。米アマゾン・ウェブ・サービス（ＡＷＳ）が革命を起こしたクラウド事業と同じ話だ。

ウィーワークのオフィスで働く人々は、２０１８年９月末時点で世界24カ国32万人。１年間で倍増した。13年に９カ所だった拠点も、19年末には１０００カ所を超える見込み。以前はスタートアップや個人事業主が主だったが、最近は米ＩＢＭなどの伝統企業も利用し始めた。社員数１０００人超の大企業に所属する利用者は２年前に７０００人だったが、既に８万５０００人に達する。

柔軟にスペースを増減できる

人気の理由は、柔軟にスペースを増減できることだけではない。本当の強みは社員同士や、別の会社の社員との「コミュニティー」をつくる点だ。現実の場で働く人々のコミュニケーションを密にして生産性を高

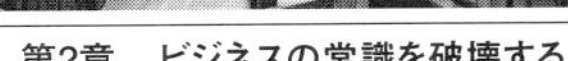

ウィーワークのオフィス。働く人のコミュニケーションを活発にしたり、仕事に集中したりしやすいよう工夫されている（写真=WeWork提供）

め、イノベーションの起きやすい環境をつくろうとしている。

同社のオフィスに常駐するコミュニティーマネジャーの役割は、電球交換などの保守作業に限らない。主務はむしろ、朝食会や読書会、ヨガクラスなど、ユーザー同士をつなげるようなイベントの企画だ。「毎週5~10のイベントを実施している」。米ニューヨークのオフィスでコミュニティーマネジャーを務めるテス・ネルソン氏はそう語る。

最新のオフィスでは、カウンターにバリスタが待機。ソファやテーブルが並ぶカフェのようだ。ファミレス風のボックス席やガラスで仕切られた作業スペースもある。集中して仕事をしたい時は静かな場所に、誰かと話したければオープンスペースに、と気分によって回遊できる。

データサイエンティストが利用率を分析して改善

最新技術も積極的に活用する。ソファや椅子にセンサーを付けて、利用率をリアルタイムで計測するのはその一例。会議室の利用状況など様々な情報をデータサイエンティストが分析、会議室の広さや数を日々改善している。

仕事をする場所から、毎日行きたいと思う場所に——。ウィーワークはこうしたノウハウを体系化。自社ビルを持つ企業にオフィスの効率化を指南するコンサルティングにも乗り出した。

ウィーワークには、今では450億ドル（約4兆9500億円）という驚異的な評価額がついている。従来の「オフィス貸し」と何が違うのかと成長性を疑問視する向きもあるが、「不安はゼロ」とチーフ・グロース・オフィサーのデイビッド・ファノ氏は自信を見せる。

すべてが所有から利用に移る中で、オフィスもクラウドサービスのように解約自由な「従量制」になるのは必然だ。30万人のユーザーを背景に、オフィスを一括契約で安く調達し、それを小口化して相対的に高く貸すビジネスモデルも合理的。世界のオフィス市場は膨大だが、大半は物理的な場所を貸すだけ。コミュニケーションを軸に価値を高めれば、古びたビルもイノベーションの拠点に変貌する。

003

インビジョン *InVision*

アプリ試作ツール ― 米国 ― 企業価値 19億ドル（約2090億円）

急増するスマホアプリの開発支える〝黒子〟

オフィスという場のコミュニケーションに注力しているウィーワーク。それに対して、米インビジョンは非効率な電子メールを置き換えることに挑んでいる。

インビジョンの主力製品は、アプリやウェブサイトなどのプロトタイプ（試作品）作成を効率化するツールだ。開発者が修正点などを見つけた場合、ブラウザー画面の好きな場所にコメントを書き込み、即座に議論を始められる。利用者は全世界で450万人。『フォーチュン100』企業の80％が導入する。

インビジョンが誕生した背景には、複雑化する一方の現代のコミュニケーションに、20世紀に誕生した電子メールが対応しきれなくなったことがある。

アプリ開発にはサービスの発案者からエンジニア、デザイナーまで多くの人間が関わる。新サービスの投入サイクルも短くなっており、メールのやり取りではあまりに非効率。そこでインビジョンのようなツールが求められた。

様々な関係者が制作中のデータやコメントをリアルタイムで共有し、アプリを効率的に作成できる。例えば、インビジョンでは、デザイン画面のどの部分を修正したいのかについては、該当する部分をクリックするだけで、直接コメントを付けることが可能だ。以前はこうした指示を

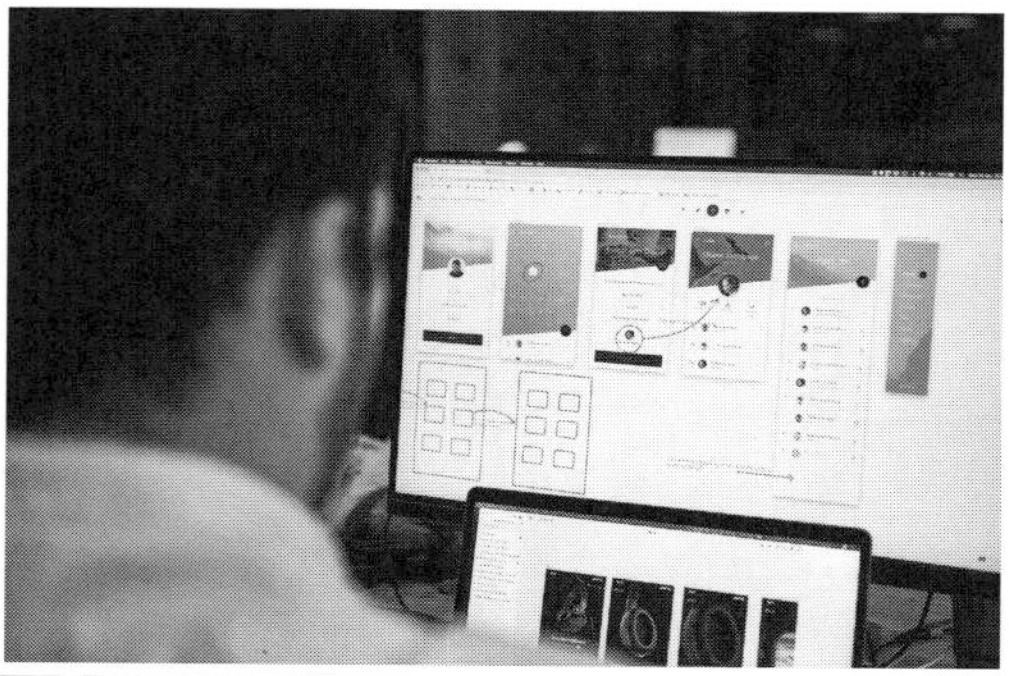

インビジョンの操作画面。同社は完全リモートワークを実現しており、世界中の社員が自分たちのツールを活用、日々改善している（写真＝永川 智子）

出すのも面倒だった。「メインの大きな画像の上にある大きなタイトルの下にあるリード文のタイトルの文字間を広げてくだい」といったふうに、文章でいちいち説明する必要があったからだ。

また実際にスマホの画面で見た場合にどうなるのかも、URLを送るだけで実機で確認できる。パソコン画面では分かりにくい、スマホに最適なデザインは何かを確かめるのに役立つという。音声チャットの機能も備えており、関係者同士が会話しながらデザインについて議論することも可能になっている。

アプリのデザインチェックの時間を大幅に短縮

アプリのデザインの良しあしをチェックして修正するためにかかる時間を従来と比べて大幅に短縮できることが支持され、インビジョンは人気になっている。スマホが普及する中、急増するアプリの開発を支える〝黒子〟としての存在感は高まる一方だ。

もちろんGAFAもコミュニケーションツールを軸にBtoB市場への侵攻を図っている。巨人たちの攻勢をはねのけられれば、インビジョンのようなスタートアップが、「10年後のGAFA」のような存在になっても驚きはない。

004

スラック・テクノロジーズ Slack Technologies

ビジネスチャット ― 米国 ― 企業価値 170億ドル(約1兆8700億円)

800万人以上が使うビジネスチャット

ビジネス用のチャットツール「スラック」が旋風を巻き起こしている。アプリに文字などを打ち込むだけで、チーム全員で情報を共有できる。1対1でもグループでも、誰とでもチャットが可能なことに加えて、PCやスマートフォンなど端末も選ばない。

仕事をするうえで必要な情報を迅速に共有したり、意見交換したりできることが人気になり、瞬く間にユーザー数が増加。14年のサービス開始から4年で、全世界で800万人を超えた。電子メールと異なり、宛先アドレスを入力する必要がなく、大事なメッセージが埋もれにくい。返信が重なっても「Re:Re:」のような意味不明な件名に悩まされることもない。

世界的に普及が進むスラックを開発したのが米スラック・テクノロジーズで、企業価値は170億ドル(約1兆8700億円)にも達する。

09年に同社を立ち上げたのがスチュワート・バターフィールドCEOだ。「急速に移り変わる市場や消費者ニーズに対応するには、企業や組織がアジリティ(俊敏性)を身に付け、変革を続ける必要がある」と強調する。

アイアンマンのパワードスーツのようなもの

しかし電子メールを使うとやりとりに時間がかかり、迅速に仕事を進めるのには向いていないという。「映画『アイアンマン』の主人公がパワードスーツを着るように、ナレッジワーカーは生産性を上げるツールで武装して、組織のパフォーマンスを高めることが求められる。そのニーズに応えるのがスラックだ」(バターフィールドCEO)

世界の企業は、ERP(統合基幹業務システム)に年間3000億ドルを投じており、CRM(顧客情報管理)市場も250億ドルに成長。スラックのようなコミュニケーションツールの市場は、現在は高く見積もって10億ドル程度だが、100億ドル規模に育っても不思議はないという。

スラックが脚光を浴びる中、ソフトウエアの巨人、米マイクロソフトは競合製品の「チームズ」を投入。マイクロソフトの「オフィス365」で利用できるチャットツールだ。

「AIの活用で今後もチャットツールの使い勝手を深化させる」と語るスチュワート・バターフィールドCEO
(写真=稲垣 純也)

だが、バターフィールドCEOは楽観的だ。「マイクロソフトの動きは脅威ではなく追い風だ。スラックが狙う市場は有望とのお墨付きが得られたわけだから。当社は米IBMや米オラクル、独SAPなど大手から新興系まで、多くのIT企業とパートナーシップを結んでいる」

企業内の情報のやり取りで最も重要なのは今後も「テキスト」であり続けるという。スラックは、AI（人工知能）や機械学習を駆使し、過去のやり取りを簡単に共有できる技術の開発に取り組む。優先順位の高いメッセージを抽出したり、要約したりすることもできるようになるだろう。「10年後にグーグルのようになるのか」とバターフィールドCEOに聞いたところこんな答えが返ってきた。「扱う技術が違うから置き換わることはないだろう。だが、同規模の成功を収められるかという質問なら、答えは『イエス』だ」。

005

トランスファーワイズ TransferWise

国際送金 ― 英国 ― 企業価値 30億ポンド（約4200億円）

70兆円の国際送金市場に殴り込む

年間70兆円ともいわれる国際送金市場を根底から覆そうともくろむ人物が、英ロンドンにいる。エストニア生まれで無料通話ソフトの先駆けである「スカイプ」を開発していたターベット・ヒンリクス氏と、クリスト・カーマン氏。2人は2011年、国際送金に特化した英トランスファーワイズを創業した。

スカイプが国際通話の価格破壊を起こし、通信会社のビジネスモデルは瓦解した。ITはときに、旧来の利益構造を大きくゆさぶる。同様のインパクトを、トランスファーワイズは金融業界にもたらしつつある。

故郷への送金手数料の高さが商機に

きっかけは、故郷に送金する際の手数料の高さだった。複数の銀行を経由して資金が移動するため時間がかかり、不透明なコストも上乗せされていた。例えば日本の銀行を使って海外送金をする場合、1回当たり数千円かかるのが一般的だ。2人のエストニア人はそこに商機があるとみた。

日本の口座から英国へ、英国の口座から日本に送金したい利用者が

トランスファーワイズを創業したエストニア出身のクリスト・カーマンCEO。同国発のスカイプをベンチマークにしているという（写真＝永川 智子）

別々にいたとする。同社は２つのニーズを独自のシステムで結び付け、実際のカネの流れを「日本から日本」と「英国から英国」という国内送金に切り替える。これにより、大手銀行に比べ国際送金の手数料を最大で８分の１程度に引き下げた。これが評判を呼び、今では世界71カ国で４００万人超の利用者を抱え、送金額は毎月30億ポンド（約４２００億円）に拡大している。7年で世界11拠点に１４００人の社員を抱える規模にまでに成長した。トランスファーワイズの企業価値も30億ポンド（約４２００億円）に達している。

カーマンＣＥＯ（最高経営責任者）は成長のギアを上げる。18年、既存の銀行口座から送金用の資金を引き出すのではなく、トランスファーワイズ自身が口座を提供するサービスを開始した。口座開設に手間取ることが多い移民や留学生にとって、利便性はさらに高まる。「国際送金市場のプラットフォーマーになる」というカーマンＣＥＯの野望を実現する一助になりそうだ。

アプリだけでも正式な銀行に

トランスファーワイズはテクノロジーで業界の秩序を破壊する新興勢力の象徴にすぎない。英国政府は世界の金融センターの地位を守るため、ＩＴで金融を変革するフィンテックの流れを強力に後押しする。実績がほとんどないモバイル専業のベンチャーに銀行免許を付与することもいとわない。

英モンゾはその一社だ。店舗を持たずスマホ上のアプリだけで営業しているが、17年に英金融監督当局から正式に免許を取得したれっきとした銀行だ。既に130万人超の利用者がおり、企業価値は13億ドル（約1430億円）に達した。

デジタル化によって新たなサービスを生み出し、規制すら変えていく。その先端的な存在が仮想通貨だ。ビットコインの流通システムを支える専用装置で世界シェア7割を占める中国の比特大陸科技（ビットメイン）や、大小様々な取引所に資金が集まったのは、仮想通貨の成長性に投資家が期待したからだろう。仮想通貨のバブルは18年にいったんはじけ、ビットコインの価格は暴落したが、その後は回復傾向も見えている。

スマホのQRコード決済では中国アントフィナンシャルの「アリペイ」や騰訊控股（テンセント）の「ウィーチャットペイ」が先行していた。だが、現金主義の色彩が強かった日本でもLINEやオリガミ（東京・港）などがサービス普及に本腰を入れる。

デジタル化によってマネーの流動性は飛躍的に高まる。この潮流をうまく捉えた企業が10年後の勝者となる。トランスファーワイズのような新興勢力は、世界で次々に生まれて業界の常識を破壊している。

006

MUJIN MUJIN
ロボット制御ソフトウエア

日本

企業価値

産業用ロボットの〝ウィンドウズ〟を狙う

世界中で製造や物流の現場に広く浸透している産業用ロボット。かつて日本の〝お家芸〟と言われた分野だが、AI（人工知能）の進化でロボット産業の競争原理がさま変わりしている。ロボットアームなどの「ハード」は成熟しつつあり、メーカー間の性能差は縮まっている。一方、ハードを操る「ソフト」は急激に進歩。画像解析技術などを駆使すれば、ロボットの生産性を飛躍的に高められるようになった。

「これからはソフトを制する者が、ロボット産業を制する」

2011年にロボット制御ソフトを手掛けるMUJIN（ムジン、東京・墨田）を設立した滝野一征CEO（最高経営責任者）兼共同創業者はこう断言する。独自の高速演算処理技術を使い、産業用ロボット各社のアームを制御。「世界で誰もなし得なかった物流センターでのピッキング作業の無人化を可能にした」と胸を張る。

産業用ロボットを使う場合、人間が事前に一つひとつの動作を正確に教え込む「ティーチング」と呼ぶ作業が必要だ。そのため、多い時には数万種類もの商品がランダムに流れてくる物流センターで、仕分け作業にロボットを使うのは事実上不可能だった。

ムジンの制御ソフトを使うと、このティーチング作業が不要になる。カメラで認識した物体をどうやってつかむかをAIが瞬時に判断し、その通りにロボットアームを動かすからだ。

中国のネット通販大手も採用

18年春に中国のネット通販2位、京東集団（JDドットコム）が立ち上げて業界の話題をさらった無人物流倉庫は、ムジンの技術なしには実現しなかった。

日本では16年に通販大手のアスクル、18年に日用品卸最大手のPALTACが物流拠点で採用。PALTACの拠点では、大手のファナックのロボットがムジンのソフトで動く。〝自前主義〟が強いことで知られ、制御ソフトの開発に力を入れていたファナックもついに、ムジンとの技

MUJINの技術を使えば、多種多様な形状の商品がランダムに流れてくる物流センターのピッキング作業が可能になる。左は滝野一征CEO（写真＝尾関 裕士）

術連携を受け入れた。既に安川電機やデンソーなどの大手は軒並みムジンのソフトに対応しており、「世界シェアで7割のメーカーをカバーしている」(滝野CEO)。

滝野CEOが目指すのは、ムジンのソフトを「産業用ロボットのウィンドウズ」にすることだ。パソコンを製造していた日本の電機大手の多くは、コモディティー化の波に抗いきれず、事業撤退を余儀なくされた。一方でOS(基本ソフト)を支配する米マイクロソフトは、今も業界の王者として君臨し続けている。ロボットの世界でも、OSの覇権を握る者が最後に市場を制すると、滝野CEOは考えている。

007

オサロ OSARO

ロボット制御ソフトウエア

米国

企業価値

―

から揚げをつかめる知性派ロボット

そんなムジンの好敵手と目されるのが、同じく産業用ロボットの制御ソフトを開発する米国のオサロだ。強みは「深層強化学習」というAIのアルゴリズムを活用している点だ。自ら反復練習を重ねることで、短時間で飛躍的に技量を高められる。英ディープマインドが開発した世界最強の囲碁ＡＩ「アルファ碁ゼロ」にも使われた技術だ。

オサロの制御ソフトを使うと、トレーに山盛りにした、形の異なる鶏のから揚げを１つずつつまんで、ベルトコンベヤーを流れる弁当箱の指定の位置に盛り付ける、といった芸当が可能になる。人間なら簡単なことに思えるが、ロボットにとってはかなりの難題だ。

機械が自分でつかみ方を見つける

一般的に産業用ロボットは対象物の形状データを事前に登録し、カメラの視覚情報と突き合わせて対象物をつかむ。だがオサロの場合、機械が何度も練習しながら形の特徴を理解し、つかみ方を自分で見つける。

対象物が固いものか柔らかいものなのかも経験によって判断。試行錯誤を繰り返すことにより、固さと形状に合わせた適度な力でつかめるようになる。「初めはうまくいかなくても、だんだんとうまく動くようになる」（デリック・プリドモアＣＥＯ）。既に物流センターに納入され、２０１９年に稼働する予定だ。

オサロの制御ソフトを使うと一つひとつ形状が異なる鶏のから揚げもつかむことができる。左はデリック・プリドモアCEO（写真2点=Tex Allen）

ロボットを自在に動かす「頭脳」を巡り、火花を散らすムジンとオサロ。評価額が2000億円を超え、日本唯一のユニコーンと評されるAI技術のプリファード・ネットワークス(東京・千代田)もファナックと組み、この市場を虎視眈々と狙う。競争が激化する中で、オサロのロボット制御技術の真価が問われることになる。

008

サビオーク Savioke

サービスロボット

米国

企業価値 —

ビルや病院で活躍するお手伝いさんロボット

一方で、人間のそばで「お手伝いさん」のように働くサービスロボットも登場している。2019年1月、森トラストは、東京都港区にある37階建てのオフィスビルで、上層階まで商品を届けるサービスを始めた。運び役は人間ではない。ホットコーヒーを収めた円筒形のロボットで、1階で運営するカフェから自動運転でエレベーターに乗り込む。

働いているのは、米シリコンバレーのスタートアップ、サビオークが開発したサービスロボット「リレイ(Relay)」だ。店員はロボット上部のふたを開けて商品を入れ、テナントの入居階と位置を示す番号を入力。するとリレイは移動してエレベーターに乗り込み、注文した人のフロアに移動する。到着までにかかる時間は最短でおよそ5分。到着し次第、注文した人のスマートフォンにメールで知らせてくれる。

サビオークのサービスロボットが活躍する場所は、オフィス以外にも広がっている。

その1つが医療機関だ。24時間、365日稼働する病院で、医薬品や医療器具などを運搬する。自律的に移動し、エレベーターも使って、目的地に物品を届ける。多くの患者や医師、看護師で混雑する廊下でも安全に移動できるという。どんな薬剤を運んだかをトレースでき、配達状況や履歴もリアルタイムで報告する。

高級ホテルチェーンでも導入が進む

米高級ホテルチェーンの「マリオット」や「ヒルトン」でも、サビオークのロボットは導入されている。宿泊客からルームサービスなどの注文

1階のカフェで商品を積み、自律走行してエレベーターに乗り、顧客のオフィスの入り口まで届ける

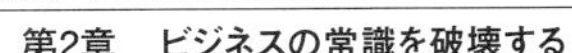

があれば、食べ物や飲み物からリネン、歯磨き粉までを、エレベーターを使って、目的の部屋まで届ける。ホテル運営にかかる人件費の削減にもつながる。

サビオークの創業は13年。スタンフォード大学の大学院でコンピューターサイエンスの博士号を取得し、米ＩＢＭの研究所など働いた経験を持つスティーブ・カズンズＣＥＯ（最高経営責任者）が立ち上げた。

将来性を期待して日本企業も投資

サービスロボットの展開は、まずホテルから始まった。試行錯誤を重ねる中で、利便性や安全性を改善。高い評価を得られるようになったことを受けて、オフィスビルや医療機関での展開を始めた。サビオークは日本市場にも力を注いでおり、すでに品川プリンスホテルなどで採用された実績がある。ＮＥＣネッツエスアイや森トラストからの投資も受け、ホテルやオフィス以外にも、医療機関や小売り、製造業で、サービスロボットを売り込んでいる。ＳＦ映画で目にするような協働ロボットが当たり前になる時代が近づこうとしている。

Life Changing Innovation

第３章　生活を革新する

009

イニット Innit

キッチン家電の調理プラットフォーム

米国

企業価値 ー

スマート家電で一流シェフの料理再現

生活の隅々までデジタル技術が浸透している今の時代、配車からホテルの予約まで様々なサービスがスマホを通して受けられる。だが料理、特にキッチンは手つかずの領域だ。包丁とまな板は昔から不変。コンロやオーブンなども数十年前から基本形は同じだ。

そんなキッチンの姿を根本から変えようとしているのが米イニットだ。急速に普及する「スマート家電」をきめ細かく制御し、一流シェフの料理を完璧に再現するのが特徴。米GEアプライアンスや蘭フィリップス、韓国サムスン電子など、名だたる電機メーカーの調理家電をスマートフォン経由で操作できるプラットフォームとして台頭する。全世界で少なくとも数百万台の機器を遠隔制御可能だ。

例えば、タイ風グリーンカレーを作るとしよう。イニットのアプリを開き、鶏肉やサーモンなどメーンとなる具材を選ぶ。次にトッピングする野菜を選択し、キヌアやクスクスなどカレーをかける「ごはん」の種類を決める。ブロックを積み重ねるように、自分好みの具材を選ぶわけだ。

すると全体の調理手順やカロリー、栄養素などが事細かに表示される。“Cook Now”をタップすれば、プロの調理ビデオが流れるので、その通りに作り、オーブンに入れれば、あとは勝手に料理してくれる。カスタマイズ可能なレシピは全部で1万種類に上る。

プロの「火加減」を再現

イニットが際立っているのは、レシピと実際の調理を結びつける点だ。鶏肉はジューシーなもも肉と、ぱさついた胸肉で調理法は違う。同じ部位でも大きさによって火の通り方が異なる。そのため、プロの料理人は食材の部位や大きさで細かく火加減を変える。実は、イニットも同じことをしている。

イニットは著名シェフと連携。様々なメーカーの家電を実際に利用し

ユージニオ・ミンビル会長（左の写真の左側）とケビン・ブラウンCEO（同右）。スマホを活用してプロの料理を作れる（下）（写真＝左:Tex Allen、右下:Innit提供）

て、火加減などのデータを採取した。「GEのオーブンで250gの鶏の胸肉を焼く場合の最適な温度と時間」など、利用者が持っている機器や食材の大きさに合わせて一つひとつのレシピをカスタマイズしていく。それを基に家電を制御して、プロの料理を再現する。

「スマート家電メーカーはフェラーリを売っているのに、消費者は1速で町の中を走り回っている。機能を全く使いこなせていない」。イニットの共同創業者兼CEO（最高経営責任者）のケビン・ブラウン氏は語る。

米タイソンフーズやスイス・ネスレなど大手食品メーカーとの連携も同社の強みだ。パッケージ表面のQRコードをスキャンすれば、その商品を使ったレシピがアプリに表示される。EC企業との提携も進めており、2019年にも、足りない食材をイニットのアプリで買えるようになる。

イニットの会員数は姉妹アプリの「Shopwell（食材が自分の好みに合うか格付けするサービス）」と合わせて200万人。その会員数以上に注目を集めているのは、各業界の巨人がこぞってイニットと組んでいるから。「家電メーカーが最も注目するスタートアップ」。フードテックに詳しいシグマクシスの岡田亜希子リサーチ・インサイトスペシャリストはこう語る。

キッチン家電はグローバルで2500億ドル規模の巨大市場。食料雑貨まで広げれば8兆ドルだ。イニットがキッチンのプラットフォームに化ければ成長余地は極めて大きい。

010

アピール・サイエンシーズ Apeel Sciences

野菜や果物の劣化を防ぐコーティング剤 ― 米国 ― 企業価値 1億5000万ドル（約165億円）

野菜や果物の劣化を防ぐ〝魔法の粉〟

もう一つの注目市場は、食料そのもの。具体的には、食料廃棄を減らす取り組みや食料生産自体を改善するための技術開発だ。野菜や果物の劣化を防ぐコーティング剤を開発、生産している米アピール・サイエンシーズもそうした一社だ。

植物が劣化する最大の原因は、収穫後の乾燥にある。冷蔵倉庫から取り出され、スーパーの棚に並べられた途端、植物は厳しい乾燥状態に置かれる。それが野菜や果物の劣化を早める。「輸送中に3％、スーパーで12％、消費者の自宅で25％がダメになる」とアピール・サイエンシーズのジェームズ・ロジャーズCEOはこう指摘する。

食品廃棄を「半減」させる

そこで開発したのが、ワイン収穫後のぶどうカスから作った独自のコーティング剤だ。収穫した野菜や果物にスプレーすれば、少なくとも2倍は長持ちする。農産物の表面に植物由来の「保護膜」を作って、内部の湿度を保ち、腐敗の原因となる水分の損失と酸化を遅らせる仕組みだ。米食品医薬品局（FDA）の規制に準拠しており、安全に食べることができるという。

全世界の食品の「廃棄ロスを半分にしたい」

既に、コストコやクローガーなど米大手小売りがフルーツやアボカドに使い始めた。アスパラガスや、オレンジなどの柑橘類でも、長期間にわたって色や風味などの品質を維持することが可能になるという。

店頭での陳列期間が延びたことで、どの商品も売り上げが導入前と比べて2桁の伸びを示している。食品の廃棄ロスは全世界で年9400億ドル。「当社の技術でフードロスを半分にしたい」（ロジャーズCEO）

アピール・サイエンシーズのジェームズ・ロジャーズCEO。コーティング剤の有無で持ちが全く違う（写真＝左:PJ Heller）

011 ムスカ MUSCA

昆虫技術を使うバイオマス処理プラント

日本

企業価値

タンパク質危機を「ウジ虫」で救う

地球の人口は2050年に90億人を超える見通しだが、それより早く30年ごろに「タンパク質危機」が到来しそうだ。新興国の所得水準が高まると肉や魚の消費量が急増し、飼料となる魚粉や穀物が不足すると懸念されている。

このタンパク質危機の救世主となりそうなのが、日本のフードテックベンチャー、ムスカ(福岡市)だ。

正確に言えば、救世主は「ウジ虫」だ。酪農家が排出する牛や豚、鶏などの畜糞に、ムスカが独自に品種改良したイエバエの卵をまく。8時間後には卵が孵化し、幼虫(ウジ虫)が糞を食べて分解、6日後には堆肥に変わる。幼虫はさなぎになろうとして自ら堆肥から出てくるため、回収して乾燥させる。それを粉末にすれば、魚粉を代替できるような栄養価の高い飼料になる。

日本国内では年間8000万トンの畜糞が発生し、酪農家は処理に頭を悩ませている。酪農家から畜糞の処理を有償で受託し、生産した飼料と堆肥の販売収入も得られる。「一挙両得のビジネスモデル」だと、ムスカの串間充崇会長は話す。

19年秋に1日当たり100トンの畜糞を処理できる1号プラントを稼働させる。建設費は約10億円で、補助金を使わない場合でも6～10年で投資回収できるという。「世界20万カ所に設置できる」と、串間会長は試算する。

旧ソ連が品種改良を重ねたイエバエ

ムスカのイエバエは、もともと旧ソビエト連邦が宇宙ステーションでの食料の自給自足を目指して、短期間で繁殖し成長するよう、品種改良を重ねていたもの。ソ連崩壊後、国立の研究機関が権利を日本企業に売却。さらに串間氏がその事業を譲り受け、品種改良を続けてきた。「技術的には既に成熟しており、タンパク質危機を回避する決め手になり得る」と串間会長は言い切る。

イエバエの幼虫（下）に畜糞を分解させて肥料を作る。幼虫は家畜や養殖魚の良質な飼料になる。左は串間充崇会長

012

ニンジャバン Ninja Van

宅配サービス

シンガポール

企業価値

東南アジアのラストワンマイル物流の雄

緑地にクロネコのロゴが付いたバンが日本で宅配便の代名詞となったように、東南アジアでは赤いバンと黒装束の「忍者」が、宅配サービスの象徴になるかもしれない。

シンガポールに本拠を置くラストワンマイル物流の東南アジア大手、ニンジャバン(Ninja Van)の車両だ。2014年の創業から4年でマレーシアやインドネシアなど6カ国に展開。1万5000台以上のバンを運用し、月間1000万個を超える荷物を配送する。都市部に限らず離島の村々まで確実に届けられるのが強みで、東南アジアのネット通販最大手ラザダ(LAZADA)も配送パートナーとして頼る。

東南アジアでラストワンマイル配送を実現するのは容易ではない。かつては各国政府の郵便事業者が手掛けていたが、荷物が途中で行方不明になることは珍しくなかった。待てど暮らせど荷物が届かないことも日常茶飯事だ。

なぜ荷物が届かないのか。理由の一つは貧弱な地図にある。各国が発行する地図は情報が古く、経済成長に伴い刻々と変わる道路事情を反映できていない。一方、グーグルマップのようなデジタル地図も使いづらい。国ごとに住所表記が独特なため、検索プログラムが十分に対応できていない。

地図のデータベースを自前で開発

ニンジャバンが急成長しているのは、これらの課題を競合より先に乗り越えてきたからだ。

GPS（全地球測位システム）にひも付いたコードをすべての荷物に割り当て、バンの動きもスマホを通じて把握する。2つの情報を組み合わせれば、それぞれの荷物がどのような道順を通り、目的地までたどり着いたのか割り出せる。

ドライバーが実地で確かめた道路の状況は、本拠地シンガポールの専門部隊が分析。ニンジャバンが自前で開発した住所や地図のデータベースに統合する。配送する荷物の量が増えるほど、精度の高い地図が出来上がる仕組みだ。

ニンジャバンのライ・チャン・ウェンCEOは金融機関出身。物流の不便を解消すべく起業した

これを駆使し、最適な配送ルートを示せれば、もう土地勘のあるドライバーに頼る必要はない。実際、同社のドライバーの大半は臨時に雇用されたパートタイマーだ。スマホ1台で素人をベテラン顔負けに育てられるからこそ、ニンジャバンは広範囲のラストワンマイル配送網を短期間で構築できた。

東南アジアではシンガポールのグラブやインドネシアのゴジェックなど、100万台以上の車両とドライバーを抱えるライドシェア(相乗り)勢が相次ぎ宅配分野に参入している。18年12月にはゴジェックがイオンモールと提携。店舗前に待機するドライバーが、近隣の消費者に商品を配送する取り組みを始める。

物量でニンジャバンの行く手を阻もうとするライドシェア勢。だが、ライ・チャン・ウェン共同創業者兼CEO(最高経営責任者)は警戒するそぶりを見せない。競合には大量の荷物を運ぶような仕組みも、緻密な配送システムもないと見ているからだ。

ニンジャバンは荷主向けに、配送依頼や荷物の追跡など様々なサービスをワンストップで利用できるツールを提供している。「ライドシェアをメニューの中に追加してもいい」とライCEOは余裕の笑みを浮かべる。ライドシェア勢を同社物流網の「足」として組み込む戦略だ。正確な地図に基づくシステムがあれば、膨張する市場の覇権を握れるという確信がライCEOにはある。

013

スマホアプリで農家の物流の悩み解消

63アイデアズ・インフォラボズ 63IDEAS INFOLABS

農産物の物流サービス ― インド ― 企業価値 ―

ラストワンマイルにこだわるもう一人の「忍者」がインド・バンガロールにいる。世界3位の規模を誇る巨大な農産物市場を狙い、物流サービス「ニンジャカート」を展開する63アイデアズ・インフォラボズだ。

農家がスマホの専用アプリを使って、集荷や小売店への配送などを一括してニンジャカートに依頼できる仕組みを構築した。まず農家は収穫した農産物をそれぞれの村にある同社の集荷センターに持ち込む。集荷センターでは、農産物を等級に分けて計量し、より規模の大きなフルフィルメントセンターに発送。そこから街中の流通センターを経由して小売業者に必要な数量の農産物を届ける。

ニンジャカートの強みは、サプライチェーンを最適化するソフトウエアにある。トラックの積載容量と台数、十分な睡眠を取って稼働できる

インドの農業物流サービス、ニンジャカートに、自ら作った農産物を託す農家が増えている

運転手の数などを計算して、最適なルートプランを作成。農家、配送パートナー、ニンジャカートなどの間でデータが共有されているからこそ、このような高効率の物流システムの実現が可能になった。

中間業者を排除することで農家の利益を拡大

中間業者を排除して、収穫から販売までのリードタイムと配送コストを圧縮。同社の物流プラットフォームを利用する農家は4500に達した。ニンジャカートを利用する農家の平均の手取り収入は以前と比べて2割増えたという。AI（人工知能）を活用し、農家に最適な収穫量と出荷日も伝える。

共同創業者兼CEOのティルクマラン・ナガラジャン氏は「顧客農家の成功例が口コミで伝わり、事業拡大に勢いがついている」と話す。2018年末の取扱量は1日300トンと過去5カ月で倍増。19年には同1000トンに拡大する見通しだ。バンガロールに加えて、チェンナイやハイデラバードなどの主要都市で、4000以上の小売業者に青果物を配送しており、エリアを拡大している。18年12月には3500万ドル（約40億円）の資金調達に成功。19年4月には、米ファンドから1億ドル（約110億円）を追加で調達した。

014

マッパー Mapper

3Dマップ

米国

企業価値

自動運転車用3Dマップの〝標準〟狙う

スマホを活用して、独自の物流網を構築しつつある新興国の2人の「忍者」。だが10年後を考えれば、新しい競争軸の浮上にも目配りする必要がある。自動運転車の普及に伴い「機械」が読むための地図が求められるようになるからだ。人間は周囲の風景から現在地を把握できるが、機械には詳細な3D地図が不可欠となる。

この領域のデファクト・スタンダード(事実上の標準)を狙うのが、2016年に米国で創業した3D(3次元)地図ベンチャーのマッパーだ。

米ウーバーテクノロジーズなどと同様にフリーのドライバーを組織し、彼らの車両に自社開発のセンサーなどを装着する。マッパーの専用アプリ経由で走行ルートを指示すれば、車線や一時停止の標識、木立の状況に至るまで、自律走行に不可欠な情報を拾い上げ、最新の3D地図を作れる仕組みだ。マッパーの3D地図はリアルタイムで更新され、センチメートル単位の精度で自動運転車をナビゲートできるという。

自動運転車は、ドイツのアウディや米ゼネラル・モーターズ、トヨタ自動車などの大手に加えて、ベンチャーも開発にしのぎを削る。乗用車だけでなく、トラックやロボタクシーなどの商用車でも、自動運転技術の開発は加速している。マッパーは新たに勃興する新市場に向けて、3D地図を売り込もうとする。

急増する自動運転ベンチャーに3Dマップを供給

実際、米サンフランシスコだけでも、既に75社が自動運転車の開発許可を得ており、申請中は200社に達するという。こうしたメーカーが求めるエリアの最新地図を、「24時間以内に納品できる」(ニキール・ナイカルCEO)ことがマッパーの強みだ。

グーグルが世界を覆う地図を作っても、ライドシェアの車両が各地を駆け巡っていても、新しいモビリティーが求められる領域はまだ広く残されている。そこにいち早く目をつけたベンチャーが世界に躍り出る日は近い。

自動運転車用の地図を作製しているマッパー。クルマの上に搭載しているのは同社が開発した3D地図作製装置(写真=Tex Allen)

The Fusion of The Internet
and The Real World

第４章　ネットとリアルを融合

015

リアルとネットを融合させた生鮮スーパー

盒馬鮮生 *Hema Fresh*

スーパーマーケット

中国

企業価値

多くの市場で小売りの覇者として君臨する米アマゾン・ドット・コムが、苦戦する巨大市場がある。中国だ。デジタル決済の普及を背景に、最先端のビジネスモデルが生み出されている。盒馬鮮生(フーマー・フレッシュ)。上海市内にあるスーパーマーケットを訪れた最初の印象は、さながら最新技術のショーケース。いけすを泳ぐ魚や貝、新鮮な野菜などあらゆる商品にQRコードやバーコードが貼られている。スマートフォンで読み取れば、即座に産地や物流経路などが表示される。もちろん決済はキャッシュレスだ。購入した食材はそのままスーパー内にあるレストランで調理してもらえ、休日になると家族連れが押し寄せる。

レストランとスーパーを組み合わせた「グローサラント」に、デジタル技術を取り込んだだけに見えるかもしれない。だが、フーマーの真骨頂はこの先にある。同社にとって、ここまでは売上高の4割以下にすぎないのだ。

残る6割以上は宅配で稼ぐ。秘密は、店員の動きに隠されている。デジタル端末を見ながら買い物客のように商品を袋に詰め込み、店の物陰にあるフックに引っ掛ける。袋は天井まで持ち上がり、ベルトコンベヤーでカラカラと音を立てて店の裏手に消えていく。

果物1つでも無料で宅配

袋に入っているのは、消費者がネット注文した商品だ。店の裏には配達員が待機しており、この袋を受け取ったらすぐにバイクで出発。半径3km以内に住む顧客には、注文から30分以内に商品を届ける。来店客でも店頭でチェックした商品を帰宅中に注文すれば、持ち帰る必要がない。

「果物1つでも配送料はタダ。近所のスーパーに比べると多少高いけど、店舗で新鮮なことは分かっているから、つい使ってしまう」と上海在住の女性は話す。

フーマーの侯毅CEO(最高経営責任者)は「同じ価格、同じマーケティ

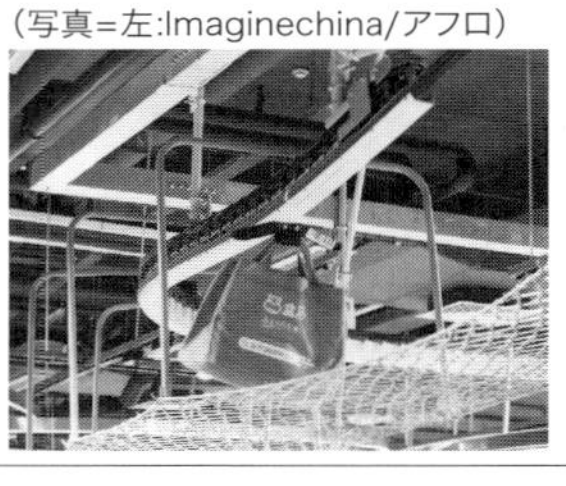

盒馬鮮生は高品質の生鮮食品を実際の店舗で販売。自前の配送システムと組み合わせることで新たなビジネスモデルを作り上げた(写真=左:Imaginechina/アフロ)

ング施策、同じシステムでオンラインとオフラインを完全統合した」と宣言する。中国の安い人件費に支えられている面は否めないが、「リアルとネットの融合」の一つの解を示しつつある。

フーマーは、中国のアリババ集団が傘下に収めている。フーマー単体の業績は非公開だが、アリババの2018年4～9月期の営業利益は前年同期比36％減の215億元（約3440億円）。デジタル化や配送員の雇用など、投資コストがかさんだ影響があったとされる。それでも出店ペースを加速し、1号店のオープンから3年弱で中国全土に110店舗を展開する。ニューリテールの未来に対する自信の表れと言えるが、中国特有の厳しい競争環境もありそうだ。

ライバルは倉庫を持たないスーパー

ネット通販でアリババの最大のライバルである京東集団は18年、同様のコンセプトの「7FRESH」をオープンした。北京市にある大族広場店の面積は4000㎡。李強一副店長は「この店舗には倉庫がない。その分、同程度の面積のスーパーより1000多い7000品目を陳列している」と明かす。倉庫がないのは京東の強みである、注文商品のほとんどを翌日に配送できる自前の物流システムを活用する。さらにネット通販で鍛えたビッグデータ分析で、在庫管理を徹底的に効率化している。

016

フリップカート *Flipkart*

インターネット通販

ウォルマートを魅了したインドの通販大手

インド

企業価値 160億ドル（約1兆7600億円）

中国勢が示した未来に触発されるように、米国の小売りの巨人も積極投資に打って出た。アマゾンは2017年、137億ドルを投じて米高級スーパーのホールフーズ・マーケットを買収。米ウォルマートは次の有望市場であるインドで18年、ネット通販大手フリップカートを160億ドルで傘下に収めた。同社がインドに持つ物流管理や支払い技術に魅力を感じたとされる。

フリップカートは2007年、インドの起業家のビニー・バンサル氏がアマゾンで働いた後に、友人と2人で共同創業した。当初はパソコン関連の商品を販売していたが、多くの企業買収を通じ、家電や携帯電話、衣料品などに取扱商品を拡大。インドのネット通販で最大の企業に成長した。17年にはインドでスマートフォンのネット販売の51％を占め、33％のアマゾンを引き離した。衣料品でも現地で高シェアを握る。

フリップカートがインドでアマゾンに対して競争を優位に進められているはなぜなのか。フリップカートが子会社のイーカートで展開している物流サービスに秘密がある。

当初はフリップカートの社内サプライチェーン部門だったが、ほかのイーコマース企業の物流も受託するようになって成長。今ではイーカートは、1カ月当たり1000万個の荷物を扱うようになっている。50都市で翌日配送、13都市で当日配送を保証し、代金引換サービスも提供するなど、以前のインドの常識では考えられなかったサービスで台頭した。

アマゾンに負けない物流の仕組みを構築

だからこそ、フリップカート以外のインターネット企業もイーカートを頼る。物流を得意とするアマゾンに負けない仕組みを地道に構築してきたことが、フリップカートの競争力を支えている。

そんなフリップカートに目を付けたのが、米ウォルマートだった。ウォルマートはアマゾンとの入札競争に競り勝ち、巨額の資金を投じて、フリップカートを手に入れた。乾坤一擲の大勝負に出たのは、世界最大級の人口を抱える急成長市場でアマゾンに対抗する力を磨くことにある。ネット通販が難しいとされたインド市場の開拓を成功させたフリップカートへの期待は大きい。

017

ベータ b8ta

体験型テクノロジーショップ

米国

企業価値 —

ショールーミングを逆手に、データで稼ぐ

ネットとリアルの融合をテーマに、世界各地で激化するリテールの覇権争い。最新の設備投資が求められるため大資本の動きが目立つが、気を吐くスタートアップもある。

米サンフランシスコに拠点を置くベータ（b8ta）。最近、小売店にとって悩みの種となっている消費者の行動を逆手にとり、新しい収益源に変えようとしている。店頭では商品のチェックだけして、実際の購買はネットで済ませる「ショールーミング」だ。

ベータは実店舗をショールームと割り切った。売り上げはすべてメーカーに渡し、商品を展示するメーカーに消費者の反応をデータ化して提供することで毎月定額料金を受け取る。同社直営の家電小売店の標準面積は約280㎡。日本のコンビニエンスストアの約2倍の面積に、

全米2位のホームセンターチェーン「Lowe's」店内でベータが設けたショールーム

150台ものカメラを設置する。顧客がどの商品の前に立ち止まって、手を触れたり試したりしたかを撮影し、秒刻みで計測するためだ。店員は商品に関する顧客との会話も逐一書き起こして、顧客対応データベースに登録。メーカーは商品に対する消費者の反応を分析できる。

「アマゾン・ゴー」はカメラを無人決済に使うのに対して、ベータは消費者の反応をメーカーにフィードバックするためにカメラを活用する。グーグルが「Google Home」などの販売促進にベータを使用するほか、多くのスマート家電ベンチャーが販売チャネルとして選んでいる。

全米14カ所に自社店舗を拡大したほか、全米2位のホームセンターチェーン「Lowe's」と提携。既存の小売業にも、ショールーミングからお金を稼ぐ仕組みを提供し始めている。ネットに押されて、実店舗をベースにした小売業が苦戦してきたのは世界共通の現象。だが、デジタル技術の進化で潮目は変わった。あるべき姿に向けて変化し続ければ活路は開ける。

018

タイトケア TytoCare

家庭向け診療デバイス

イスラエル

企業価値

オンライン診療の〝デファクト〟狙う

重い身体を引きずってわざわざ病院を訪れたのに、診察まで長時間待たされる――。効率化が加速する一方の世界で、取り残されているのが医療・ヘルスケアの領域だ。この効率の悪さを進化のチャンスととらえ、多くのスタートアップが競争を繰り広げている。

筆頭が2012年に創業した、イスラエルのタイトケア。独自開発した診察デバイスを用い、オンライン診療の「デファクトスタンダード（事実上の標準）」を狙う企業だ。

多くの企業や医療機関がスマートフォンを使ったオンライン診療に乗り出しているが、いずれも共通の課題を抱えている。基本的にビデオチャットでの診察になるため、「喉の腫れ」や「呼吸の乱れ」を測定できず、対面のような総合的な診察が難しい。

内耳や喉の腫れ具合を撮影可能に

その課題を解決するため、タイトケアは家庭向けの診察デバイスを開発した。器具を付け替えることで、内耳や喉の腫れ具合を同一条件で撮

タイトケアはビデオカメラ機能が付いた独自の診察デバイスを開発した。メガネの男性が同社のオファ・タザディクCOO

影できる。胸のどこにデバイスを当てると呼吸音を正確に記録できるのか、スマホアプリで確認できる機能も搭載した。オファ・タザディクCOO（最高執行責任者）は「どの家庭でも1台持つような診察デバイスにしたい」と話す。

患者はそのデータをネットで共有し、医師の診断を仰ぐ。16年に米食品医薬品局（FDA）から診察デバイスの認可を受け、米国で2万人の利用者がいる。18年には中国の保険大手、中国平安保険と資本業務提携に踏み切り、グローバル展開も加速。投資ファンドなどから、既に8800万ドル（約100億円）を調達。20年には利用者を10万人に増やす計画だ。

正確なデータが蓄積されればされるほど、AI（人工知能）が医師をサポートできる範囲は拡大していく。10年後、軽い風邪程度なら自宅で診察を受けるのが一般的になる可能性は高い。タイトケアがそのプラットフォームになっていても不思議ではない。

019

オーカム OrCam

視覚障害者向け画像認識デバイス

イスラエル

企業価値 **10億ドル**（約1100億円）

文字を読み上げるメガネ装着デバイス

自動運転用半導体メーカーのモービルアイを米インテルに約1兆7000億円で売却し、イスラエルのスタートアップ界の「伝説」となったヘブライ大学のアムノン・シャシュア教授。彼は今、新たなプロジェクトに注力している。2010年に立ち上げ、会長兼CTO(最高技術責任者)を務めるヘルスケア企業のオーカムだ。

なぜ、ヘルスケアなのか。シャシュア教授はこう語る。「自動運転とヘルスケアは根っこの部分で共通している。周辺環境を画像で認識し、AIを使って分析。運転や視認など人の行動をアシストするからだ」

視力が弱い人をアシストする

オーカムが開発するのは、視力が弱い人をアシストする眼鏡装着型デバイスだ。下の写真のように、眼鏡のフレームにカメラ内蔵機器を取り付け、書籍を見ながら文章を指さすと、その部分を音声で読み上げてくれる。目の前の人を認識し、誰なのかを音声で教えてくれる機能もある。

視覚障害者は世界で2億人以上いるとされ、潜在市場は膨大だ。オー

オーカムが開発したデバイスを眼鏡に装着し、文章を指さすと文字を読み上げる

カムは既に100億円超を調達し、世界20カ国以上で製品を販売している。だが、開発するのは眼鏡装着型だけではない。シャシュア教授は右手を胸元の機器に近づけてこう語った。

「この小さな黒いデバイスであなたの顔と会話を記録し、自動的にスマホ上で行動履歴を作成している。従来のメガネ装着型機器はネットに接続している間の行動履歴しか収集できなかったが、このデバイスではほぼ全ての行動を把握できる。失敗したグーグルグラスとは違う」

パーティーなど不特定多数が集まる場所では、関係ない人同士の会話を遮断。自分と話している人との会話だけを収集するよう設計しているという。プライバシーに配慮して、機器で収集する履歴データはクラウド上にアップロードしないという。

「補聴器としても使える。画像認識技術とＡＩで相手の唇の動きを読み取れれば、聴覚障害者もアシストできる。ＡＩの可能性を最も引き出せるのは医療分野だろう」（シャシュア教授）

020

AIメディカルサービス AI Medical Service

内視鏡の画像解析 ― 日本 ― 企業価値 ―

がんの見逃しゼロ目指すAIベンチャー

画像認識技術をヘルスケアに応用するのは、イスラエルの専売特許ではない。17年設立のAIメディカルサービス（東京・豊島）は、日本のお家芸である内視鏡の画像をAIが解析し、消化器系のがんや炎症などを自動判定するシステムの実用化を目指している。

内視鏡は日本が世界をリードするが、病変を見落とすケースが「医師によっては2割以上になる」という。このため二重チェックが必要になる場合もある。AIメディカルサービスはこうした課題をAIを使うことで解決することを目指す。食道や胃、小腸、大腸などのがんを発見する精度を高めようとしている。

20年の事業化を目指す

19年に臨床試験を実施し、早ければ20年に薬事承認を得て本格的に事業化する。「世界最高水準の技術を持つ約100人の内視鏡専門医の知見をAIに集約している。がんの見逃し『ゼロ』を目指す」と多田智裕会長兼CEOは話す。

内視鏡の画像を、AIが精査。ベテラン専門医にしか分からないような胃がんの病変も0.02秒で見抜く。多田智裕会長兼CEOは臨床医だった（写真＝尾関 裕士）

多田ＣＥＯが起業したきっかけは臨床医としての悩みがあったからだ。２万例を超える内視鏡検査を実施する中で、がんを見逃さないために何ができるのかを考え続けてきた。

ベテラン医師でも小さな病変を見つけるのは難しい

10年以上の経験を持つベテラン医師でも小さな病変を見つけるのは難しい。だが、急速に進化するＡＩの画像認識技術を使えば、この問題を克服できると考えて、ＡＩメディカルサービスを創業した。ディープラーニング（深層学習）を用いて、膨大な画像データをＡＩが学習することで、専門医の平均を上回る判別の精度を実現。この技術を発展させることで、消化器のがんの内視鏡検査を効率化し、診断の精度を高めようとしている。

医療・ヘルスケアにＡＩを活用する取り組みは始まったばかり。先端技術をどれだけ素早く実地で応用できるかが、成長のカギを握りそうだ。

世界を変えるインパクトを秘める有望ベンチャーは、これまでに紹介した20社以外にもまだまだある。次章からは80社に上るイノベーターたちを分野別に紹介する。

（1～4章は日経ビジネス2019年1月14日号特集と電子版の関連記事を再編集・加筆しました）

Business Communication

第５章 ビジネス・コミュニケーション

021

オートメーション・エニウェア *Automation Anywhere*

RPA ― 米国 ― 企業価値 **26億ドル**（約2860億円）

「ホワイトカラー」の仕事をロボットで自動化

工場の仕事は自動化できても、ホワイトカラーの仕事はロボットに置き換えられない。そんな常識は過去のものになろうとしている。

「顧客リストから氏名や電話番号をコピーして作業指示書に貼り付ける」「エクセルなどの表計算ソフトウエアに売上データを入力する」……。そんなホワイトカラーの業務を、人間の代わりにソフトウエアのロボットが自動で処理する「RPA（ロボティック・プロセス・オートメーション）」と呼ばれる技術が脚光を浴びている。AI（人工知能）が人間の行動を学習し、ソフトロボットが昼夜を問わず効率的に作業をこなす。

商社、銀行、メーカー、広告代理店など多様な分野で導入が急ピッチで進む。人手不足が深刻化し、働き方改革も叫ばれる中で、多くの企業がRPAの活用を迫られているからだ。

「仮想知的労働者」とも呼ばれるRPAで、世界的に注目を集めているのが米オートメーション・エニウェアだ。シリコンバレーに本社を置き、世界20カ国で事業を展開。従業員は1400人以上、顧客企業の数も1400社以上に達しているという。

人間の行動を学んで、代わりに作業をこなす

以前から多くの企業では、ITを活用したシステム化を進めてきた。それでもシステム化するためのデータ入力などの作業は人間に頼る場合が多かった。

業務全体の中で、システム化(自動化)が進んでいるのは20%に達しておらず、残り80%は人手に頼っているとされる。この部分を、ソフトロボットによって自動化するのがRPAだ。ホワイトカラーの仕事も、定期的にアップデートされる決まったデータをパソコン上の表計算ソフトに入力するなど、定型的な仕事が少なくない。こうした仕事は人間からソフトロボットにどんどん置き換えられていきそうだ。

人間の行動を学んで、自動化を進めるRPAの普及が本格化してからまだ間もない。海外だけでなく、働き方改革が加速する日本でも需要は巨大で、オートメーション・エニウェアのようなRPA企業の成長余地は大きい。

022 ビズリーチ BizReach

転職情報

日本

企業価値 341億円

ヘッドハンティング型転職サービスで旋風

「即戦力じゃないか。ぜっ、ぜひほしい」「おい君、彼はいったいどこで……」。中途採用の面接を終えた上司がこう話しかけると、女性社員が「ビズリーーチ！」と人差し指を立てながら答えるテレビコマーシャル（CM）を目にしたことがある人は少なくないだろう。

上司の心の声が聞こえるというユニークなCMで知られるのが転職支援サービスのビズリーチ（東京・渋谷）だ。2009年の創業で、18年7月期の売上高は約157億円、営業利益は約7億円に達し、急成長を遂げている。

同社の主力事業がハイクラス人材の中途採用サービス「ビズリーチ」。同サービスに登録した転職希望者は、約3000人の登録ヘッドハンターや企業の採用担当者から直接声をかけてもらえる可能性があるのが特徴だ。ビズリーチの公開求人件数は11万件で、経営幹部など年収1000万円以上の求人が3分の1以上を占める。転職を希望する会員数は71万人以上に達するという。

これまでハイクラス人材が転職する際には、1～3人程度の付き合いのあるヘッドハンターに転職先を探してもらうケースが多かった。それがビズリーチに登録すれば、外資系、中小などを含む様々な得意分野を持つ多数のヘッドハンターから声をかけてもらえる。転職希望者からすれば、多様な転職先の候補を見つけるうえで効果的といえるだろう。

採用する側の企業にもメリットがある。ヘッドハンター経由で探すだけでなく、人事採用担当者が自分でビズリーチのデータベースにアクセスし、様々な条件に合う採用候補者を検索して、直接アプローチすることができるからだ。急いで採用したい場合でも、短期間に多数の候補者と面接して、最適な人材を選びやすい。企業の採用担当者のかゆいところに手が届くサービスがビズリーチの成長を支えている。

「見える化」で人材の流動化を後押し

同社は、ビズリーチ以外にも様々な事業を展開する。20代の転職に特化した「キャリトレ」、OB・OG訪問ネットワークサービス「ビズリーチ・キャンパス」などがある。若手に加えて、中高年でも、最初に就職した会社で働き続けることに固執せず、転職する人が増えている。ITを活用して、かつては見えなかった転職情報を「見える化」することは、人材の流動化を後押しする力にもなる。人手不足が深刻化する中、ビズリーチのようにITを活用することで個人と企業の双方にとり、高い利便性を実現する人材サービスのチャンスは大きい。

023

ギットハブ GitHub

ソースコード管理サイト

3100万人の開発者向けプラットフォーム

米国

企業価値 75億ドル(約8250億円)

2018年にマイクロソフトが75億ドル(約8250億円)を投じて買収したことで注目を集めた米ギットハブ。ソフトウエアのベースになる「ソースコード」を開発者が共有できるサイトを運営する。最近では個人に加えて、企業によるソフトウエアのチーム開発にも欠かせないような存在になっている。

ギットハブのベースになるのが、バージョン管理システムの「ギット」だ。プログラミングをする際には、誤った箇所を書き換えた結果、それまで動いていたソフトが急に動かなくなるケースがよくある。その際にギットを使えば、過去のある時点の状態に、簡単に戻すことができる。さらに、いつ、誰が、どのようにコードを修正したのかという情報も残せる。

このギットに、チームとして開発をしやすいような機能を付加したのが、ギットハブだ。バグ管理やコードレビューを効率化するなどの機能も利用できる。

あるソースコードに関して、バグの修正や機能の追加がいつ実装されたかが、一目瞭然で把握できることが支持され、利用が拡大。そうした中、これまでソースコードを社内で管理してきた様々な企業も、ギットハブ上で管理するようになってきた。

優秀なプログラマーかどうかを見極める場に

企業などがギットハブのサイトでソースコードを保存する際は、費用を支払う必要が生じ、それがギットハブの収益源となる。優秀なプログラマーであるかどうかを見極めるために、ギットハブ上で作成したソースコードを評価して、技術者を採用する企業も目立つようになってきた。さらにソフト技術者同士が、情報交換する場所にもなっている。

ＡＩ（人工知能）やＩｏＴ（モノのインターネット）の利用が広がり、デジタル化が進む中で、ソフトの需要は加速度的に高まっている。そんな中で企業や組織の壁を越えて技術者が共同で開発する「オープンソース」化が勢いを増している。ギットハブはデジタル時代に欠かせない存在として成長を続けているからこそ、マイクロソフトも巨費を投じて買収したのだ。

024

パットスナップ PatSnap

特許データベース

世界中の特許・商標をデータベース化

英国

企業価値

—

世界中の特許、商標、技術情報などを集約した巨大なデータベースを運営し、8000以上の企業などの研究開発を支援する——。それが英パットスナップだ。2007年の設立で、顧客は40カ国以上に広がっている。すでに米シリコンバレーの有名VC（ベンチャーキャピタル）のセコイア・キャピタルなど世界の投資家から1億ドル（約110億円）以上の資金を集めている。

米航空宇宙局（NASA）や米国防総省から、米タイヤ大手のグッドイヤー、日本の高砂香料工業まで、多数の組織・企業を魅了するのは、研究開発に役立つ使い勝手に優れたプラットフォームを実現しているからだ。

同プラットフォームは、様々な分野における特許や技術情報の検索機能に加えて、知的財産（IP）のデータから競合他社の情報やテクノロジーの傾向を抽出するなどの分析機能を提供。将来の技術や市場の変化を知る「ビジネス・インテリジェンス」、さらにIP関連のプロセスを管理する「ワークフロー」といった機能も備えている。

特許データベースでは世界の1億3000万件を網羅するほか、専門分野向けのサービスもある。例えば、「バイオ」では、膨大な数の特許に関連する3億件を超えるタンパク質やDNA・RNAの配列を検索したり、分析したりできるという。「ケミカル（化学）」では、特許情報に加えて、法的データや訴訟データ、ライセンシングや助成金などの情報も得られるようになっている。

研究開発の効率向上は喫緊の課題

18年の世界の研究開発費は約2兆1900億ドル（約240兆円）に達するが、過去30年間で世界の研究開発効率は65％低下したとされる。このため、企業にとり、研究開発の効率向上は喫緊の課題になっている。

ビッグデータとAIを活用するなどして、これまでにない新たなイノベーションが次々に生まれようとしている。そんな中、膨大なデータの洪水の中から、研究開発に有用な情報を簡単に見つけ出し、分析できるプラットフォームを提供するパットスナップに、世界の企業が熱い視線を注いでいる。

025

Sansan *Sansan*

名刺の共有・管理サービス

名刺情報を会社で共有、営業を効率化

日本

企業価値 506億円

多数の社員がそれぞれ交換した名刺の情報をスキャンしてデータ化。全社で一元的に管理して、人脈を共有する――。そんな法人向けのクラウド名刺管理サービスで急成長しているのがSansan(東京・渋谷)だ。

「受け取った名刺は個人のものでは」「相手の許可を得ていないのに社内で共有してもいいのか」……。そんな抵抗感を持つ人も少なくないことだろう。

だが、企業にとって、社員の名刺情報の共有は明らかなメリットがある。例えば、営業活動。個々の社員の引き出しに眠っている名刺を部門を超えて共有できれば、新規顧客を開拓しやすくなる。データが共有されていれば、自分が名刺交換したことがない企業の担当者でも、メール、電話などの連絡先を探して入手できるからだ。直接会って名刺を交換した社員に、不明な点や注意すべきポイントを事前に確認したうえで、許可を得て、先方にアプローチすれば、トラブルになる可能性は低くなる。

さらに担当交替の際のトラブルを防ぎ、円滑に引き継ぎしやすくなる。取引先の担当者が誰なのかが、すぐに把握でき、前任者がこれまでどのような人脈を持っていたかが分かりやすくなるからだ。

名刺管理アプリも人気に

異動などの情報もアップデートしやすい。同社は名刺管理アプリとして人気の「Eight」も運営。Eightの利用者が自分の名刺情報をアップデートすると、自動的に法人向けクラウド名刺管理サービスのデータも更新される仕組みになっている。さらに「日経テレコン」などの人事情報データベースにアップデートがあった場合も通知してくれる。

外部とのデータ連携では、営業支援ソフト大手の米セールスフォース・ドットコムとも協業。Sansanのクラウド名刺管理サービスに入力された取引先や責任者などの情報を営業活動や顧客情報管理に生かせるようにしている。

総合商社、不動産大手、医薬品メーカー、大学など、幅広い業種でSansanの利用は拡大。アナログだった名刺管理をデジタル化して企業内で共有するという新しい発想で、ビジネスの常識を激変させている。

026

ユーデミー Udemy

オンライン学習

世界最大級のオンライン学習プラットフォーム

米国

企業価値 1億7300万ドル（約188億円）

「未経験からプロのウェブデザイナーになる！」「ゼロから始めるデータ分析」「コピーライティングで成約率を上げる！」……。10万以上のコースがあり、2400万人の受講生が学ぶ世界最大級のオンライン学習プラットフォームを提供するのが、米シリコンバレーに本社を置くオンライン教育ベンチャーのユーデミーだ。

ビジネスやITのスキル向上に役立つ実践的な講座が中心だが、アートや健康、音楽などのコースもそろっている。多様なバックグラウンドの講師が自分の得意なトピックに関するオンラインコースを立ち上げるためのプラットフォームとして機能する。動画やプレゼンテーションソフト、PDF、音声などをアップロードしてコースを作成できる。ある程度準備さえすれば、誰でも、オンライン講師になれるのが特徴だ。講師の数は3万5000人、言語は50以上に対応している。

人気講師は年間100万ドル（約1億1000万円）以上の収入を得られるケースもあると

いう。大学などが提供する学術的な大規模オープンオンラインコース「ＭＯＯＣ」とは異なり、大学の単位認定を受けられないが、仕事に役立つ様々な講座を手軽に受講できることが人気になっている。

ユーデミーを創業したのはトルコ出身のエレン・バリ氏。オンラインの学習支援サービスの事業化を目指して米シリコンバレーに移住した。２００９年に実際に会社を立ち上げ、10年にサービスを開始。当初は資金調達に苦労したものの、立ち上げたサイトが人気になったことから、有力なベンチャーキャピタルなどの投資を相次いで受け、事業を拡大している。

フォルクスワーゲンやアディダスも利用

個人だけでなく、法人向けの市場も狙っている。「ユーデミー・フォー・ビジネス」という企業向け学習プラットフォームでは、ビジネス関連など３０００以上のコースを提供。人気が高いものでは「ｉＯＳアプリ開発ブートキャンプ」「データサイエンスのためのＰｙｔｈｏｎと機械学習ワークショップ」などがある。

ドイツの自動車大手のフォルクスワーゲンやスポーツ用品大手のアディダス、米国のオンライン決済サービス大手のペイパル、配車サービス大手のリフトなどが社員のスキルアップのために活用しているという。

「スキルの共有」をスローガンに掲げるユーデミー。日本では15年にベネッセコーポレーションと組んで事業を展開している。数千円から数万円のコースがあるが、無料講座や期間限定の割引サービスも提供することで、顧客を拡大しようとしている。

027

ユニティ・テクノロジーズ Unity Technologies

3次元CG開発ツール ― 米国 ― 企業価値 28億ドル(約3080億円)

3DのCG開発ツールで仮想世界を創造

ゴーグルをかけて仮想空間の中に自分が実際にいるかのような体験ができるVR(仮想現実)や、「ポケモンGO」のように実在する風景にヴァーチャルの視覚情報を重ねるAR(拡張現実)が脚光を浴びている。

こうしたVRやARを含むさまざまな3D(3次元)のコンテンツを制作するための開発ツールを提供するのが米ユニティ・テクノロジーズだ。世界で最も広く使われているリアルタイム3D(RT3D)開発プラットフォームを提供する。例えば、VRやARコンテンツの60%がユニティの技術を利用。モバイルゲームでもシェアは50％に達するという。

米国のグーグルやマイクロソフト、フェイスブック、オキュラス、日本のソニー、任天堂など多数のパートナーと連携。ユニティの1000人体制の技術チームが、最新のソフトウエアアップデートなどに対応するサポート体制を敷いている。

3Dコンテンツはゲームの世界で使われる印象が強かったが、最近は、自動車、建築、映画、エンジニアリングなど、多様な分野で利用が広がっている。

自動車の修理点検作業の支援にMRを活用

例えば、自動車。トヨタ自動車は、修理点検作業の支援のために、MR（複合現実）を実現するマイクロソフトの「ホロレンズ」というゴーグル型デバイスを利用する。CAD（コンピューターによる設計）データから作成した3Dモデルや部品情報を、実際の車体に重ねて表示。修理の際に取り外す部品には3Dモデルを重ねることで強調したり、奥にある見えない部品を可視化したりできる。

MR技術を活用すれば、修理や点検作業の精度を高められる可能性がある。遠隔地にいるベテラン技術者が、若手を教育するような場合にも役立ちそうだ。こうした3D技術を実現するのに、ユニティのプラットフォームは役立つ。

デンマークからシリコンバレーに「移住」

ユニティは2004年、デンマークのコペンハーゲンでデイビッド・ヘルガソン氏らによって設立された。当初はゲーム会社だったが、その後、ゲーム開発ツールにシフト。米サンフランシスコに本社を移転し、IT企業への投資で有名なVC（ベンチャーキャピタル）の米セコイア・キャピタルなどの投資を受けて、事業を拡大してきた。今では世界27カ国に拠点を持ち、2000人以上の従業員を抱える。

3Dコンテンツが爆発的に広がる中、その進化をけん引する〝黒子〟として、ユニティの存在感はますます高まりそうだ。

Entertainment/
Lodging Service

第6章 エンターテインメント・宿泊サービス

028

字節跳動科技 *Byte Dance*

動画共有アプリ

中国

企業価値 750億ドル（約8兆2500億円）

動画共有アプリ「TikTok」で世界を席捲

音楽に合わせて、「口パク」したり、ダンスしたりする15秒程度の短い動画を共有する「ＴｉｋＴｏｋ（ティックトック）」が２０１８年に大ブレークした。飛びついたのはスマートフォンのヘビーユーザーである10～20代の若者。洋楽やＪポップを含む多数の楽曲から、好きなものを選んで、手軽に動画を作成できることが、人気になっている。

このＴｉｋＴｏｋを開発したのが中国の字節跳動科技（バイトダンス）。世界で爆発的に利用者が増えていることを追い風に、企業価値は７５０億ドル（約８兆２５００億円）と、米配車サービス大手のウーバーテクノロジーズを凌駕する評価を得るまでになった。

サービスを開始したのは16年10月で、17年8月から海外展開にも乗り出した。欧米では同様のサービスで、同じ中国発の「musical.ly」が先行して人気になっていたが、ＴｉｋＴｏｋが買収し、両サービスを統合して利用者を増やしている。

動画共有ではすでに米ユーチューブが普及しているのに、なぜＴｉｋＴｏｋが脚光を浴びているのか。一番の理由は、ユーザーが簡単に動画を制作して、15秒という短時間で視聴できることにある。学校の休み時間の10分で手軽に撮影して、動画を投稿できるようなイメージだ。

口パクやダンスなら言語のハードルがなく、休み時間や放課後などに面白い動画をとって投稿すると友達からの反応も大きい。たくさん「いいね」をもらえたりすると、「もっと投稿したい」という気持ちにさせられるという。

人気が高い「口パク」動画

とりわけ人気が高いのがリップシンクと呼ばれる「口パク」動画だ。ＴｉｋＴｏｋでは簡単に加工できるので、自分をかっこよくしたり、かわいくしたりして楽しむことができる。

自分でオリジナルのコンテンツを考えるのは大変だが、すでにある動

TikTokの短い動画は瞬く間に若者の間で人気になった

画コンテンツのまねをして、自分流にアレンジしやすい。つまり自分の趣味や特技ということがなくても、簡単に動画を発信できることが、ユーザーに支持されている。動画をつくるテクニックやコツに関してもアプリ内で丁寧に解説されている。

ユーチューブでは、動画の編集に時間がかかったりするため、動画編集の知識がない若者には、投稿する際にハードルがある。だからこそ自分が持っているスマホ1つで動画を編集して、気軽に投稿できるＴｉｋＴｏｋが台頭しているのだ。

029

ナイアンティック *Niantic*

ARゲームアプリ ― 米国 ― 企業価値 **40億ドル**（約4400億円）

「ポケモンGO」の次は「ハリー・ポッター」

世界的な大ブームになったスマートフォン向けＡＲ（拡張現実）ゲームの「ポケモンＧＯ」を開発したのが米ナイアンティックだ。２０１６年に配信を始めたポケモンＧＯのユーザー数は18年に世界で累計8億人を突破した。米国、欧州、日本に加えて、アジアなどの新興国でも根強い人気になっている。

日本に限らず、世界でも、30代以下では、ポケットモンスターのアニメを見たり、ゲームをしたりして育った人は多い。ポケモンGOはこうした層の支持に支えられている。

19年1月に米調査会社のセンサータワーが発表したレポートによるとポケモンGOの18年の収入は7億9500万ドルと推定され、前年から35％増加している。

ゲームを有利に進められる課金アイテムで稼ぐ

ポケモンGOは無料で遊べるものの、ゲームをより有利に進めるために役立つアイテムは有料だ。このためヘビーユーザーは、課金が必要でも、遊び続けるケースが目立つ。こうした層が安定的に拡大していることが、ナイアンティックの収益を支えている。

19年には小説や映画で有名な「ハリー・ポッター」のスマホ向けゲームの配信を計画。「ハリー・ポッター：魔法同盟」というタイトルの新作は、ハリー・ポッターシリーズや、そこから派生した「ファンタスティッ

大ブームになったポケモンGOは、根強い人気が今も続いている

ク・ビースト」シリーズのさまざまなキャラクターが登場する。

魔法界で発生した大災厄によって、魔法の道具、魔法生物、魔法界の人々や、記憶までも、マグル（人間）界に奇妙な形で出現する中、世界中の魔法使いたちが団結して、謎を解き明かすゲームだ。プレーヤーは、大災厄の調査と阻止を目的として、魔法省と国際魔法使い連盟によって設立された、特別部隊の新人になって冒険を始めることになるという。

グーグルの社内スタートアップとして誕生

ナイアンティックは10年に米グーグルの社内スタートアップとして設立された。12年にスマホ向けに、拡張現実（AR）技術を利用した位置情報ゲーム「イングレス」のベータ版を開発し、翌年から正式運用を開始した。

15年にグーグルから独立し、グーグル、任天堂、株式会社ポケモンから最大3000万ドル（約33億円）の資金を調達して、ポケモンGOを立ち上げた。

イングレスやポケモンGOで磨いたノウハウは、今後、さまざまなゲームに応用できるものだ。ハリー・ポッターの新作も軌道に乗せることができれば、ナイアンティックの収益が拡大し、企業価値も飛躍的に高まる可能性がある。

030

ウークビー Ookbee

電子書籍プラットフォーム

タイ

企業価値 ―

東南アジア発の電子書籍プラットフォーム

タイ、ベトナム、フィリピン、マレーシアなど東南アジアで、電子書籍販売のプラットフォームを展開して、1000万人以上のユーザーを獲得しているのがタイ発のベンチャー、ウークビーだ。

ウークビーは、有力な出版社が発行する書籍に加えて、小説ファン、コミック愛好家などの素人が生み出したユーザー生成コンテンツ（UGC）を扱うのが特徴。2017年には中国のインターネットサービス大手、騰訊控股（テンセント）と共同で、コンテンツ会社の「ウークビーU」を成立した。

タイなどでは、日本のマンガやアニメに触れて育った人が増え、最近はアマチュアのマンガ家が増加している。こうした素人が、自由にマンガを投稿でき、アクセス数に応じて、収入も得られる「ウークビーコミックス」を主力事業として展開。人気が高い作品については書籍化も支援している。

ウークビーは、日本で若い女性に人気が高い動画配信サービス「C CHANNEL（シーチャンネル）」のタイ事業も手掛ける。シーチャンネルは、女性の関心が高いテーマを中心に、短時間で手軽に視聴できる動画を、雑誌の人気モデルやネイリストなどのインフルエンサーと共に制作し、発信。タイでも若い女性の間で人気になっているという。さらに音楽配信事業も展開する。

ウークビーは15年から日本のトランスコスモスと合弁で、現地でオンラインのショッピングモールを運営していたが、17年に閉鎖している。日本の化粧品や食料品などをタイに持ちこんで、販売してきたが、競争激化で撤退を決断した。シェアの高いオンラインの電子書籍販売など、コンテンツ事業に力を集中することで、成長を目指している。

031

ピンタレスト Pinterest

写真共有サイト

米国

企業価値 127億ドル（約1兆3970億円）

気に入った写真を〝ピンボード〟上で共有

インターネット上のさまざまな場所にある、自分が気に入った写真や動画などの情報を、自分専用のピンボード風のページにまとめて管理できるＳＮＳ（交流サイト）。それがピンタレストだ。壁にかけたコルクボードに、お気に入りの写真を貼り付けるような感覚で使えるサービスで、人気が次第に高まっている。

写真共有サービスの「インスタグラム」と比較される場合が多いが、同サービスは自分で撮影した写真や画像を投稿して共有する使い方が中心だ。有名人や友人などのインスタグラムをフォローして、最新の投稿をチェックする人も多い。

コレクションと検索のしやすさが特徴

これに対してピンタレストは、自分が興味（インタレスト）を持つジャンルで、ほかのユーザーがお気に入りに入れているアイデアを集めて、コレクションするのに適している。検索しやすいため、情報収集に便利だという声が目立つ。単純に画像を保存するというよりも、ウェブサイトやページを保存しているようなもので、関連情報にもアクセスしやす

女性に人気が高いピンタレストのスマホアプリ画面

いのが特徴だ。

2018年9月時点で、ピンタレストの月間アクティブユーザー数は世界で2億5000万人に達しており、世界で利用者は拡大している。女性比率が8割と高く、35〜54歳のユーザーがおよそ半分に達するのが特徴だ。子供がいる母親など「大人世代」が多いとみられる。インスタグラムも女性比率は7割程度だが、9割のユーザーが35歳以下で「若者世代」が主力であるのとは異なっている。

購買行動を決定する大人世代が支持

「インスタ映え」という言葉もあるように、個人、企業とも日本ではインスタグラムに対する関心が高い。インスタグラムの世界の月間アクティブユーザー数は10億人以上に達するとされるが、購買行動を決定する大人世代が多いピンタレストの存在感も見逃せない。

ピンタレストの日本法人は18年10月、新たなショッピング機能の「プロダクトピン」と「ショッピングのおすすめセレクション」を導入。リアルタイムの商品の価格や在庫状況が分かるようになり、小売業者のウェブサイトに直接飛べるリンクも掲載されているため、簡単に商品を購入しやすくなった。

ユーザーが関心を持つインターネット上の情報のコレクションを購買につなげる機能を強化することで、ピンタレストは収益を拡大しようとしている。

032 エアビーアンドビー Airbnb

民泊仲介

米国

企業価値 350億ドル(約3兆8500億円)

〝民泊〟で旅行の常識を激変させる

「見ず知らずの人に自分の家を貸すなんて非常識極まりない。ものを盗まれたらどうするんだ」「他人のベッドに寝るなんて気持ち悪い」「犯罪者に悪用される可能性がある」……。

こんな批判にさらされながらも、世界中で瞬く間に利用者が拡大している〝民泊〟。その代名詞ともいえるのが米エアビーアンドビーのサービスだ。今では世界191カ国の8万1000以上の都市で、500万以上の宿泊場所を提供している。

人気の理由の一つは宿泊費用が手ごろなこと。ニューヨークのマンハッタンのダウンタウンにあるベッド2台付きの豪華なアパートメントの一室が1泊1万8323円。ハワイのワイキキビーチに近いゲスト2名が泊まれる部屋が1泊7218円といった風に、現地のホテルの相場を考えると割安な価格で宿泊できるのが魅力だ。

自宅が空いている時など、所有者が貸したい時にだけ、提供できるからこそ手ごろな価格を実現できる。「シェアリング・エコノミー」と呼ばれる、以前にはなかった発想で支持を集めている。

宿泊者や貸し手の安心感を高めるために、両者の相互評価やレビューに力を入れる。トラブルが多いと評価が下がるため、良い貸し手が宿泊者を見つけやすくなり、問題がある借り手は排除されやすくなる。特に評価が高い貸し手は、エアビーアンドビーが「スーパーホスト」として認定。推奨してくれる仕組みだ。

一般的なホテルではまずないようなユニークな宿泊先が増えている。例えば、「ツリーハウス」。南の島に漂着した遭難者の物語に出てくるような、木の上に建てられた住宅だ。ブラジルのモンテベルデという場所にある住宅では、電気や冷蔵庫も完備されており、快適な宿泊体験ができるという。

英国のハイランド地方にある宿泊施設も面白い。飛行船のようなデザインのアルミポッドで、一般家庭と同じような設備が備わっている。窓

英国のハイランド地方では、宇宙船のようなデザインのアルミポッドに宿泊できる

からは雄大な自然も楽しむことができるという。

一方で、さまざまな課題の克服も急いでいる。例えば、「違法民泊」への対応。18年には日本の観光庁の通知を受けて、住宅宿泊事業法の届出番号や旅館業法の許可番号を入力していない違法施設の「全削除」を実施した。世界では類を見ない厳しい対応で、掲載する宿泊先は大幅に減少したが、信頼性を高めるためには必要と考えて実施した。

世界各地で法的な基準に沿った対応を進めており、宿泊先が強制キャンセルになってしまった場合は、全額の返金を実施するとともに、宿泊に利用できるクーポンを配布するなどしてサポートしている。

日本ではＪＴＢと包括業務提携

ホテル産業を脅かしているなど、今でも批判が強い民泊。それでも業界のリーダーともいえるエアビーアンドビーが、法的なルールに沿った対応を進めることで、市民権を得られるようになりつつある。18年11月には、ライバルとみられていた旅行代理店大手のＪＴＢとも包括的業務提携を締結。ＪＴＢが民泊をプロモーションし、予約などでも協力する可能性が視野に入っている。

033

オヨ・ホテルズアンドホームズ OYO Hotels & Homes

ホテルチェーン ― インド ― 企業価値 50億ドル（約5500億円）

「安かろう、悪かろう」を覆した格安ホテル

安かろう、悪かろうのイメージが強い格安ホテル。それでも清潔で、無線インターネット、エアコン、テレビ、朝食がきちんと提供されたらきっと旅行者に支持される。そんな発想で誕生したホテルチェーンが旅行業界に旋風を巻き起こしている。

インドのオヨ・ホテルズアンドホームズ。運営する格安ホテル予約サイトは、2013年のスタートからわずか5年あまりで、500都市にある1万5000を超えるホテルを低価格で予約できるサービスへと急成長している。

人気を支えているのは、格安ホテルの弱点を補うような「標準化」を徹底していること。無線インターネット、エアコン、テレビ、朝食など、約30項目の基準をクリアしているホテルだけを、オヨの予約サイトに掲載している。実際にオヨの従業員がゲストと同様に部屋に宿泊し、提供されるホテルの設備やサービスのレベルを厳しくチェックしているという。基準に達しない場合も、部屋の内装や設備などを改装し、サービスを改善して、基準をクリアできれば、ネッ

トワークに加盟できる。

日本円換算で2000～3000円程度の格安ホテルから、3000～8000円程度の中間価格帯が主力で、空室が多い場合には割引価格も提示することで稼働率を高めている。

ITを活用してホテルの運営効率を向上させている。ホテル側が宿泊者のチェックインやチェックアウト、さらに従業員による清掃の状況、空室状況などを管理できるシステムを提供している。

マレーシアやUAE、そして日本にも進出

インドだけでなく、マレーシアやインドネシア、UAE、中国など、世界進出も加速。新興国を中心に、格安ホテルの常識を変えるサービスで支持を集めている。

19年2月には、日本にも進出。ヤフーと合弁会社を設立し、「オヨ・ライフ」というブランドで、入居から退去までスマートフォン（スマホ）ひとつでできるという新しい賃貸サービスに乗り出した。

敷金、礼金、仲介手数料なしで即入居が可能で、初期費用を抑えられる。さらに家具や家電、無線インターネットも完備しており、「かばん1つでその日から住むことができる」という。

１カ月単位の契約で、シェアハウスタイプで4万～6万円、マンションタイプで10万～15万円、戸建てで25万～45万円。東京23区から事業を順次拡大する計画だ。オヨの運営ノウハウを生かして、日本の賃貸住宅市場に新風を吹き込もうとする。

オヨの創業者でＣＥＯのリテシュ・アガルワル氏は１９９３年生まれでまだ20代半ば。急成長を実現させる資金は、日本のソフトバンク・グループや米セコイア・キャピタルなどが提供している。２０１８年には合計10億ドル（約１１００億円）の資金を調達し、中国やインドネシアの市場開拓を加速させる構えだ。

034

途家 *Tujia*

民泊仲介

中国の民泊の巨人、日本にも進出

中国

企業価値 **30億ドル**（約3300億円）

人口が約14億人に達する世界最大の大国、中国。この中国における民泊プラットフォームでナンバーワンの地位を誇るのが途家（トゥージア）だ。２０１９年1月時点で、中国内だけで１００万カ所、中国外で50万カ所の宿泊先を提供している。世界展開も加速しており、エアビーアンドビーのライバルといえる存在になっている。

宿泊先を提供するホストから受け取る手数料を3％と低く抑えたことで人気が高まり、物件数を拡大。エアビーアンドビーと同様にゲストとホストの相互評価などの仕組みを活用して、信頼性を高めてきた。とりわけ中国発の強みを生かして、現地ならではのトラブル時の問題解決などで中国人のかゆいところに手が届くサービスを実現してきた。

途家の成長可能性は大きい。中国では、海外旅行への関心が高まり、日本や欧米など世界を訪れる中国人が急増しているからだ。海外旅行する際に、費用を抑えるなどの理由から民泊を利用する中国人も大幅に増えている。この際に中国語のサイトが充実しており、中国人の特徴を深く理解している途家の優位性が際立つことになる。

日本でも高まる中国人の民泊需要

すでに中国人の民泊需要が高まっている日本でも、事業展開を本格化させている。一般的な民泊だけでなく、日本では「途家ハウス」というハイクオリティー民泊ブランドを展開。同社のプラットフォームを活かして、中国人を集客することに加え、インテリア、管理運用に関してもアドバイスする。

日本法人がカップやシャンプー、リンスなどのオリジナルアメニティーを提供。シーツやタオル、リネンの交換もする。インテリアに途家のブランドカラーであるオレンジ色を入れるなどしてブランドイメージを向上させようとしている。

訪問者が多い東京、大阪、京都に力を注ぐ

20年にオリンピック・パラリンピックの開催を控える東京や、25年の万国博覧会の開催が決まった大阪に加えて、歴史を感じられる寺社が多い京都など、中国人の関心が近いエリアにとりわけ力を注いでいる。

途家は、エアビーアンドビー同様、18年の住宅宿泊事業法の施行に伴い、日本で「違法民泊」の問題への対応を強化しつつ、需要に対して不足が目立つ民泊物件を提供するホストの開拓を進めている。

第 7 章 FinTech フィンテック

035

比特大陸科技(ビットメイン)

Bitmain Technologies

仮想通貨の採掘装置 ― 中国 ― 企業価値 120億ドル(約1兆3200億円)

ビットコインの「採掘装置」の覇者

ゴールドラッシュに群がった採掘者たちよりも、彼らに作業着を提供した米リーバイスの方がもうかった――。19世紀半ばに米国西海岸で起きたゴールドラッシュ。金を掘り当てたのはほんの一握りの人だったが、採掘現場で活躍する頑丈なワークパンツを製造・販売したリーバイスは大成功。その後、デニムを素材にしたジーンズメーカーへと発展を遂げていく。

注目を集める仮想通貨の世界で、当時のリーバイスのような存在になっているのが、中国の比特大陸科技(ビットメイン)だ。ビットコインなどの仮想通貨の「マイニング(採掘)」に特化したASIC(特定用途向け半導体)を自社開発。そのチップを搭載したマイニング装置を販売して飛ぶ鳥を落とす勢いで成長を遂げてきた。

そもそも仮想通貨のマイニングとは何か。仮想通貨は一定の期間ごとに、すべての取引記録を取引台帳に記録する。取引内容が正確かどうかを検証するためには、コンピューターを使った膨大な計算が必要となる。仮想通貨の取引内容を検証するためのこの膨大な計算を実行する作業をマイニングと呼び、その報酬として新たに発行される仮想通貨を得られるのだ。

ビットメインのマイニング装置は半導体が低消費電力のため、安い電気料金で仮想通貨を採掘できるという特徴が人気につながっていた。

仮想通貨の乱高下に翻弄される

しかし仮想通貨の相場は２０１８年にいったん急落した。仮想通貨の採掘事業を手掛ける企業の業績も悪化し、事業を縮小したり、撤退したりするケースも目立った。このため、ビットメインのマイニング装置の需要も大幅に減少した。しかし19年4月からはビットコインの相場は反発し、翌月には再び高騰した。仮想通貨の相場が乱高下する不安定な環境下で、ビットメインが安定的な成長を実現できるかどうか、課題も少なくない。

ビットメインの仮想通貨マイニング装置は低消費電力を売りに急成長した

036 クレジット・カルマ Credit Karma

信用情報サービス

米国

企業価値 40億ドル（約4400億円）

個人の信用力をスコア化して急成長

「クレジット（信用）スコアを監視する」というユニークなサービスを提供して急成長しているベンチャーが米国にある。米サンフランシスコに本社を置くクレジット・カルマ。米国では8500万人以上が利用しており、2018年時点で、40億ドル（約4400億円）の企業価値があると評価されている。

日本ではクレジットスコアに対する関心はあまり高くないが、生活していく上では極めて重要だ。金融機関から信用力が高いと判断されれば、住宅ローンや自動車ローンが借りやすくなるだけでなく、金利が低くなるなど条件も良くなる。

クレジット・カルマに登録すれば、自分のクレジットスコアがどうなっているのかを、監視することができる。もしレーティング（評価）が変化した場合は、アラート（注意）も届く。

さらに自分のクレジットスコアに影響を与える項目と、それらを改善するためにどのような対策を立てられるかを知ることもできる。以前はこうしたクレジットスコアの確認は有料だった。だが、クレジット・カルマのサービスを利用すれば、無料で確認することが可能になる。

ユーザーは無料で、金融機関から手数料収入を得る

クレジット・カルマは、個人のクレジットスコアに応じて、その人にとって有利な条件で利用しやすい金融機関が提供するローンなどの商品を紹介。金融機関側から手数料収入などを得ることで収益を拡大している。ユーザーから見るとサービスの利用は無料で、しかも、お得な金融商品を選ぶことができるというメリットがある。金融機関にとっても、顧客獲得につながりやすい市場にアプローチできるため、クレジット・カルマは成長している。

クレジット・カルマの創業者でCEOのケネス・リン氏は中国生まれ。4歳で両親と共に米国に移住した。米ボストン大学卒業後、クレジットカード業界などで働いた後の07年、クレジット・カルマを創業した。

グーグル・キャピタルやタイガー・グローバル・マネジメントから多額の投資を受けるなど、資金調達を進めて、事業を拡大。無料の税務申告の支援サービス、クレジットレポートに誤りがあった場合に指摘して修正してもらうことを支援するサービスも手掛けるようになっている。

037

フィナテキスト *Finatext*

金融情報サービス

日本

企業価値 342億円

株アプリと金融情報のビッグデータ解析

登録ユーザー約25万人の日本最大級のモバイル株コミュニティー「あすかぶ!」。ユーザーが日々の株価予想などの情報交換をする場を提供し、株式投資の未経験者を投資家デビューさせることを狙うアプリだ。

さらに株初心者が信用取引を学べる「まじトレ!」というゲーム感覚の取引学習アプリも提供して注目を浴びているのが、金融情報サービスのフィナテキスト(東京・千代田)だ。

東大発のフィンテックベンチャーとしてスタートした同社の創業者で社長を務めるのが、林良太氏だ。2013年にフィナテキストを創業した。「金融を『サービス』として再発明する」をミッションとして掲げ、ゲーム的な要素を取り入れたスマートフォン向けのアプリを開発している。

若者をターゲットにSNS(交流サイト)型のアプリを提供することで利用者を拡大してきた。グループ会社のスマートプラスでは、株式取引アプリの「ストリーム」も立ち上げて、18

年に現物取引サービスも開始。現物取引だけでなく、信用取引でも従来型の株式委託手数料が無料になるサービスを提供する。

ストリームもSNS型のユーザー同士が交流しやすい特徴を売り物にする。複雑なイメージがある株取引をシンプルで簡単に実現できるという。さらにユーザー同士が直接顔を合わせて、投資スキルを磨く、「STREAM CAMP」というオフラインのイベントも開催する。

このようにして、あすかぶ！で獲得したユーザーを、ストリームに誘導しようとしている。18年にKDDI（au）などから60億円の資金を調達。各アプリの機能の強化などに取り組んでいる。

ビッグデータを活用した経済解析プラットフォームも

別のグループ会社のナウキャストでは、ビッグデータを活用した経済解析プラットフォームも提供。18年にCCCマーケティングと協業した。同社が持つ6500万人の会員基盤と7兆円を上回る購買データを、ナウキャストが持つビッグデータ解析のノウハウと融合させ、上場企業の売上高を予測するサービスを提供しようとしている。

※フィナテキストには日本経済新聞社が出資している。

038

freee freee

クラウド会計サービス

日本

企業価値 652億円

クラウド時代の「会計エコシステム」を創造

2019年4月のある日、静岡市郊外のお茶農園「かわばた園」。農作業のため父親と畑にいた佐藤寛之さんのスマートフォンの通知音が鳴った。

「父さん、今月ホームセンターで1万円以上買い物しているけど、何を買ったの？」

画面を確認した寛之さんは傍らにいた父親の陸人さんに声をかけた。メールは農園の会計業務で使用しているクラウドシステム「会計freee（フリー）」からで、今月分のクレジットカード明細を自動記帳したとの連絡だった。

18年1月に鉄鋼メーカーを退社し、父の農園を手伝うようになった際、寛之さんがまず驚いたのがレシートの山だった。農作業で忙しいこともあり父は会計に無頓着。確定申告の時期には1年分ため込んだレシートと格闘するはめになった。そこで寛之さんが導入したのが「クラウド会計」だ。インターネットにつながる環境下なら、スマホでも会計処理ができる。ネットと金融が融合したフィンテックの一つだ。

「畑での作業や買い出しなど、農家は外での仕事が多く、まとまって事務作業をする時間がない。どこでも作業できるクラウド会計は農家にぴったり」と寛之さんは語る。レシートをスマホのカメラで撮影するだけで何をいくらで買ったかが帳簿に転記され、仕訳もしてくれる。

1週間かかった確定申告が1日で終了

毎月の売り上げや経費をリアルタイムで把握できるようになった。帳簿に取り込んだ情報から納品書や請求書も作成できる。18年は1週間かかった確定申告の書類作成が19年はわずか1日で終了した。

このサービスを提供するのはベンチャーのfreee(フリー、東京・港)。米グーグルで日本およびアジア・パシフィック地域の中小企業向けマーケティングを統括していた佐々木大輔氏が12年に興したSaaS(サーズ)の会社だ。SaaSとは「Software as a Service」の略。かつてパソコンやタブレット端末にインストールする必要があったソフトウエアをネット上に置くことで、ソフトをインストールせずとも利用

農作業の合間に「会計フリー」のスマホ画面を開き、父親と話す佐藤寛之さん(写真:陶山 勉)

できるサービスだ。ネット上で文書作成ができる「グーグルドキュメント」もＳａａＳの一形態だ。

ビジネス向けのＳａａＳも広がり、会計のサービスは個人事業主の間で利用が進んでいる。フリーも提供企業の一社で、14年には給与計算など人事労務管理サービスも始めた。個人は月額９８０円、法人は２３８０円から使える。初期導入コストとして数万円かかる市販のパッケージソフトに比べ、手を出しやすい。必要な機能だけ使え、選び方次第で月額の料金も抑えられる。

リクルートや三菱ＵＦＪ銀行から資金調達

注目を集めるＳａａＳの新興企業としてフリーはこれまでリクルートや三菱ＵＦＪ銀行などから約１６１億円の資金を調達した。将来のユニコーン企業（企業の評価額が10億ドル以上の未上場のスタートアップ）と期待されている。

次のステージについて佐々木ＣＥＯは「企業の資金調達や採用など、経営に直接関わる機能を拡充したい」と話す。会計データを与信情報として活用した資金調達手段の多様化や、人事労務情報を基にした採用マッチングなど、できることはまだまだあると考える。

（日経ビジネス２０１９年４月22日号の記事を再編集しました）

039

陸金所 *Lufax*

金融仲介サービス

中国

企業価値 394億ドル（約4兆3340億円）

ネットで資金の貸し手と借り手をマッチング

インターネット上で資金の貸し手と借り手をマッチングする中国の「ピア・ツー・ピア（P2P）金融」を代表する企業が陸金所だ。中国屈指の株式時価総額を誇る中国平安保険の傘下で急成長を続けてきた。

陸金所はネット上で個人同士の資金の貸し借りを支援するサービスを提供しており、登録利用者の数は2018年末の時点で4000万人を突破している。融資残高は大幅に拡大する一方で、借り手となるユーザーの延滞率が低く、健全性が評価されているという。

個人に加えて、中小企業向けの融資にも力を入れている。陸金所は、P2P金融で融資が成立した場合に仲介手数料を得るビジネスモデルになっている。

中国では、これまで銀行からお金を借りられなかったリスクが高い層にも旺盛な資金需要がある。ただ貸し倒れになる可能性も高いので、それを見極められる信用供与のノウハウが欠かせない。

陸金所は4億人分以上とされるビッグデータを活用。借り手の信用状況や、身元情報、借入の希望額や、資金の利用用途など、様々なデータを解析して、リスクを判断する仕組みを構築している。

貸し手が集まるのは、有望な投資先とみられているからだ。中国のP2P金融の貸付金利は平均で年率10%程度に達するとされ、銀行の定期預金などと比べて、高いリターンを期待できる。借り手と貸し手の双方にメリットを提供できたことが、陸金所が急速に存在感を高めている背景にはある。

P2P金融では不正行為などの問題も多発していたことから中国政府は規制を強化している。利息上限を設けるなどにより、違法業者の取り締まりが進んでいることは、陸金所などの大手にとっては、むしろ追い風になりそうだ。

040

モンゾ *Monzo*

モバイル銀行

英国

企業価値 13億ドル（約1430億円）

支店を持たない「デジタル銀行」

支店を持たない「デジタル銀行」と呼ばれる新しい銀行が英国で脚光を浴びている。スマホアプリだけで営業するというユニークな銀行の名前はモンゾ。毎週3万5000人がモンゾで口座を開設しており、口座数はすでに150万以上に達しているという。

2015年の創業で、16年にクラウドファンディングなどで資金を調達して、事業展開を本格化。当初はプリペイドカード事業からスタートし、17年に英国で銀行業のライセンスを正式に取得して銀行口座カードを発行するようになった。

スマホで10分で銀行口座が開設できる

そのメリットはまず簡単に銀行口座が開設できること。スマホアプリから10分ほどで口座を開設できる。英国では取得が面倒な住所証明がなくても、パスポートなどの本人確認ができる身分証明書で代用が可能な仕組みだ。外国人の労働者や留学生など、現地で口座を開くのにハードルがある人にも人気になっている。

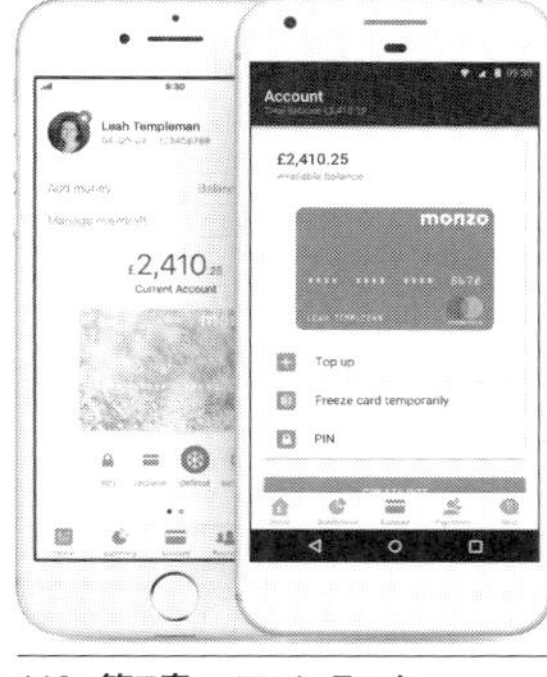

デジタル銀行を標榜するモンゾのアプリは使い勝手の良さが売り物だ

操作性に優れたインターフェイスが実現する使い勝手の良さも評価されている。送金などの手続きがスマホから簡単に実行できるほか、いくら支払ったのかなど、口座の出入金の状況が即座に把握できるようになっている。職場の同僚や友人とレストランなどで食事した場合に、モンゾのアプリから相手に送金することで、簡単に「割り勘」にすることもできる。

人気が高い家計簿機能

家計簿機能も人気が高い。モンゾのアプリでは毎月の「バジェット（予算）」を設定することが可能だ。画面上では、予算に対して、何にどれくらい使っているのかが一目瞭然で把握できるようになっている。もし使いすぎていれば、指摘してくれるので、利用者は無駄遣いを抑えやすくなる。実際にモンゾのアプリを使うことで、毎月の出費を節約できるようになった人も多いという。

「The bank of the future（未来の銀行）」を掲げるモンゾ。支店などを持たないことによってコストを削減し、浮いたお金でアプリの機能を充実させたり、使い勝手を改善させたりすることに経営資源を集中することを宣言している。未来の銀行は、旧態依然としたイメージが強い銀行業界を激変させようとしている。

郵便はがき

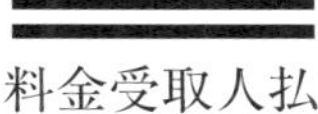

料金受取人払

葛西局承認

8137

差出有効期限
2020年12月
31日まで有効
(切手不要)

134-8740

日本郵便株式会社 葛西郵便局 私書箱20号
日経BP読者サービスセンター

「10年後の
GAFAを探せ」係 行

ご住所	〒□□□-□□□□　□自宅　□勤務先（いずれかに☑印を） (フリガナ)	
	TEL(　　　)　　-	
お名前	姓(フリガナ)	名(フリガナ)
Eメールアドレス		
勤務先	TEL(　　　)　　-	
所属部署名		

※ご記入いただいた住所やE-Mailアドレスなどに、DMやアンケートの送付、事務連絡を行う場合があります。このほか「個人情報取得に関するご説明」(http://www.nikkeibp.co.jp/p8.html)をお読みいただき、ご同意のうえ、ご記入ください。

:り良い作品作りのために皆さまのご意見を参考にさせていただいております。
ご協力よろしくお願いします。（ご記入いただいた感想を、匿名で本書の宣伝等に
使わせていただくことがあります）

A. あなたの年齢・性別・職業を教えて下さい。

年齢（　　　　　）歳　　性別　男・女　　職業（　　　　　　　　　　）

B. 本書を最初に何で知りましたか。

1. 新聞・雑誌の紹介記事（新聞・雑誌名　　　　　）2. 書店で見て　3. 人にすすめられて
4. インターネット・SNSを見て　5. その他（　　　　　　　　　　）

C. お買い求めになった動機を教えて下さい。（いくつでも可）

1. 著者の作品が好きだから　2. タイトルが良かったから　3. 表紙が良かったから
4. 内容が面白そうだったから　5. 帯のコメントにひかれて　6. その他（　　　　　）

D. 本書のご意見・ご感想をお聞かせ下さい。

E. 本書を読んで、良くなかった点、こうしたらもっと良くなるのにという点を教えて下さい。

F. 著者に期待する今後の作品テーマを教えて下さい。

ご協力ありがとうございました。

041

Ｏｒｉｇａｍｉ *Origami*

スマホ決済

日本

企業価値 325億円

競争激化するスマホ決済の先駆者

財布もカードもなくても、スマホアプリだけで支払いができる――。日本でも急速に普及が進むキャッシュレスのスマホ決済の一つである「Origami Pay（オリガミ・ペイ）」を提供するのがＯｒｉｇａｍｉ（オリガミ、東京・港）だ。

会計の際に、店員に「オリガミ・ペイで支払います」と伝えて、レジで表示されるＱＲコードを、スマホでスキャンするだけで支払いが完了する。クレジットカードのようにサインしたり、暗証番号を入力したりする必要がない。

家電量販店、コンビニエンスストア、ドラッグストア、百貨店、衣料品店、牛丼店、居酒屋、タクシー、スキー場など、利用できる場所は急速に拡大している。決済代金は、事前に登録した銀行口座やクレジットカードから引き落とされる仕組みだ。オリガミは銀行との協業も進めており、三井住友銀行、みずほ銀行、イオン銀行などと提携している。

利用を拡大するために、オリガミは「オリガミで、半額」と銘打ったキャンペーンに力を注ぐ。

吉野家やケンタッキーフライドチキンなど様々な加盟店でオリガミ・ペイで決済すれば、支払いを半額にする。期間限定だったり、上限金額が設定されていたりする場合もあるが、オリガミの認知度を高めるのに熱心だ。

ソフトバンクグループ、LINE、楽天、ドコモと激突

背景には、スマホ決済の競争が激化していることがある。オリガミは2016年からオリガミ・ペイのサービスを始めて先行していたが、他社が続々と参入。18年末にはソフトバンクとヤフーが共同展開する「PayPay（ペイペイ）」が、「100億円あげちゃうキャンペーン」と銘打って、支払い額の20％をポイントで還元する大盤振る舞いを始め、瞬く間に知名度を高めた。LINEも「LINE Pay」で積極的なポイント還元キャンペーンで対抗。さらに楽天の「楽天ペイ」やNTTドコモの「d払い」も負けじと攻勢を強めており、まさに群雄割拠の状況になっている。

スマホ決済自体は利便性が評価され、普及は進みそうだ。それでも資金力のある大手が続々と参入する中、生き残りにはハードルがある。スマホ決済の先駆者としてオリガミがどのような成長戦略を描けるのかが、試されている。

042

ペイティーエム(Paytm) One97 communications

スマホ決済 ― インド ― 企業価値 160億ドル(約1兆7600億円)

インドの露店でも使えるスマホ決済

中国と肩を並べる人口13億人の巨大市場、インド。多数の言語や宗教が混在する大国で、急速に存在感を増している電子決済ベンチャーがある。ペイティーエムだ。

「QRコード」を使ったスマートフォン(スマホ)決済が主力で、加盟店の数はインド全土で700万を突破。携帯電話、公共料金、旅行、映画、スーパー、レストラン、道端の露店まで、至る所で利用できるようになっている。

ペイティーエムのスマホアプリの利用者はインドで3億人を超えている。2017年に前年比44%増の120億ドル(約1兆3300億円)に拡大した同国のモバイル電子決済の市場でトップランナーになっている。同社はインドのモバイル決済件数では6割ものシェアを握っている

ペイティーエムの決済はインドに多い露店でも使える

とされる。

創業者兼CEO（最高経営責任者）は1978年生まれのビジェイ・シェカール・シャルマ氏。デリー工科大学在学中にインターネットビジネスを手掛けた後、2010年にペイティーエムの親会社となるOne97 communicationsを創業した。

当初は、プリペイド携帯電話の残高が少なくなった際に再チャージするビジネスを手掛けていた。だが、その後インドでもスマホが急速に普及し始める。そこでシャルマ氏は、スマホにアプリをダウンロードして、銀行口座を登録すれば、「QRコード」を使って簡単に決済できる仕組みを考案した。

高い認識精度を実現するソフトウエアの技術力で、手軽に決済できることが人気になり、瞬く間に普及。利用者と加盟店が爆発的に増加した。

アリババやバフェット氏も魅了

15年にはインドのタタ財閥を率いるラタン・タタ氏が出資。同年、中国のアリババ集団からも多額の出資を受ける。17年にはソフトバンクからも14億ドル（約1540億円）の出資を受けた。さらに18年には、米著名投資家のウォーレン・バフェット氏が率いる米投資会社のバークシャー・ハサウェイからも資金を調達し、世界にその名をとどろかせるようになった。

日本でソフトバンクとヤフーが共同で展開するスマホ決済の「PayPay（ペイペイ）」も、ペイティーエムの技術を利用する。カメラの性能が低いスマホが多いインドで磨いたQRコードの認識精度など、同社の優れたソフトウエア技術を高く評価したからだ。

現金に依存していたインド社会をモバイル決済で文字通り激変させたペイティーエムの技術は先進国でも輝こうとしている。

043

レボリュート *Revolut*

スマホアプリ銀行

英国

企業価値 **17億ドル**（約1870億円）

外貨両替の手数料で「価格破壊」

海外旅行に行く際に、多くの人が不満に思うのが、通貨の両替だ。外貨に交換する際の手数料は高い場合が多く、損をしたような気分になってしまう。

そんな悩みを解消する新しい銀行が脚光を浴びている。英レボリュート。英銀行ベンチャーのモンゾと同様にスマホのアプリで完結する銀行サービスを実現している。

レボリュートの特徴は、いったん口座を開設して入金すると、世界中の30近い様々な通貨に、安価な手数料で両替できることだ。米ドル、英ポンド、ユーロ、日本円などの主要通貨の交換レート（平日）は銀行間（インターバンク）為替レートに、0・5％の手数料を上乗せしたもの。空港などの銀行窓口で両替する場合にかかる手数料（3〜10％程度）と比べて格安で、利用者から見るとお得感がある。

ただし1カ月当たり5000ポンド（約72万円）が上限で、それ以上は追加で0・5％の為替手数料が発生する。それでも留学や駐在、旅行などで海外に滞在する個人にとっては、利用しやすいルールになっていると言えるだろう。

仮想通貨にも対応しており、ビットコイン、ライトコインなど5つの通貨に交換することが可能になっている。

レボリュートのカードを使うと、国際ATMでの引き出し手数料も抑えられる。1カ月当たり上限200ポンド（約2万9000円）まで無料で引き出すことができる。

さらに海外送金も毎月5000ポンドまで手数料を無料にしている。日本の大手銀行で海外送金する際には、三井住友銀行の場合、4000円の海外送金手数料がかかり、さらに2500円の関係銀行手数料をかかることを考えると割安感がある。

スマホで完結し、使い勝手がよく、手数料も安いことから、利用者は急増。すでに400万人に達している。新興の銀行ベンチャーであるだけに倒産リスクも気になるところだが、顧客の預金は、欧州預金保険制度（ＥＤＩＳ）の下で最大10万ユーロ（約１２５０万円）まで保護されるという。

プレミアム会員や法人会員から手数料収入

もちろん銀行手数料の価格破壊を起こしても、利益を持続的に生む仕組みを作れなければ、事業としては成り立たない。レボリュートは、いかにして収益を稼ぐのか。同社は、詳細を明かしていないが、プレミアム会員や法人会員が支払う月額手数料や、決済時の手数料などから収入を得るビジネスモデルを目指しているようだ。

レボリュートは、２０１５年にロシア系の起業家、ニコライ・ストロンスキーＣＥＯ（最高経営責任者）とヴラド・ヤツェンコＣＴＯ（最高技術責任者）が英国で創業。18年には、リトアニアの中央銀行から銀行業免許を取得し、ＥＵ（欧州連合）域内で事業展開を本格化させようとしている。

ただし海外送金はマネーロンダリングなどのリスクとも隣り合わせだ。レボリュートには、疑わしい送金はストップするように設計されたシステムがあるが、それを機能しないようにしていたという告発もあった。
コンプライアンス問題の発覚を受け、19年2月にはレボリュートの当時のCFO（最高財務責任者）が辞任した。金融業界の革命児が、長期的な成功を実現するためには、信頼される会社になる必要がある。

044

ストライプ Stripe

決済プラットフォーム

米国

企業価値 225億ドル（約2兆4750億円）

世界で脚光浴びるネット決済の〝黒子〟

スマートフォン向けアプリを活用した配車サービス、食料品の配達サービス、レストランの予約サービス……。様々な新サービスが脚光を浴びる中、水面下で、勢力を急拡大している会社がある。米インターネット決済支援大手のストライプだ。

世界で10万社以上が利用しているというストライプのサービスの強みは、アプリなどの開発者が簡単に決済の仕組みを組み込むことができることにある。「わずか数行のコードを加えるだけで決済が可能になる」という。

スマホ向けOS（基本ソフト）の2大勢力である「iOS」や「Android」といったプラットフォームに対応。アプリやウェブサイトでワンタップで購入できるようにする技術だ。

例えば、配車サービス大手の米リフトが顧客になっている。米ウーバーテクノロジーズのライバルとして知られるリフトは200万人を超える登録ドライバーを抱え、1日当たり300万回の配車サービスを提供する。リフトは、様々な場所においてスマホ経由で発生する大量の支払いの処理にストライプの技術を利用しているという。

サブスクリプション型のビジネスにも対応

もちろん支払いが定期的に発生するサブスクリプション型のビジネスにも対応する。ストライプ側がユーザー登録の手続きを実装。顧客が定期的な支払いプランに登録すれば、ストライプが請求処理を代行する。クーポンなどによる割引、キャンセル、プラン変更、有効期限切れなどの際のクレジットカード情報の自動更新などにも対応しており、ストライプに決済サービスを任せることができる。

ネット取引で重要なのが安全・安心だ。所有者が知らぬ間にクレジットカード番号が盗まれて、さまざまなネットショップで不正使用されるなどのリスクがある。ストライプは、不正使用をＡＩ（人工知能）で検知している。

例えば、あるカードが直近の24時間で世界中で使われていると、不正使用の可能性が高いと判断し、決済できないようにする仕組みがある。決済ができない場合、なぜＡＩがそう判断したのかという主な理由も分かるようになっており、利用する企業にとっては透明性が高い。

ストライプは２０１１年にアイルランド出身のパトリック・コリソン氏とジョン・コリソン氏の兄弟が創業した。その将来性に目を付けた、米シリコンバレーの著名ＶＣ（ベンチャーキャピタル）のセコイア・キャピタルや米ペイパルの共同創業者であるピーター・ティール氏、テスラＣＥＯ（最高経営責任者）のイーロン・マスク氏からの投資を受けている。

ネット決済の草分けが認めた将来性

ペイパルというインターネット決済の草分けとして急成長した企業の創業者が投資していることが、ストライプの将来性の高さを象徴している。一般消費者や顧客企業が気づかない「ステルス」で決済支援サービスを提供することで、スマホの普及で広がる巨大なネット決済市場の影の支配者として存在感を高めている。

Robotics/
IoT

第8章 ロボット・IoT

045

C3 IoT C3 IoT

産業向けIoTソフトウエア

米国

企業価値 14億ドル（1540億円）

AIで産業機器のデータを解析し、効率改善

IoT（モノのインターネット）が産業機器や工場のあり方を変える——。「インダストリー4・0」や「インダストリアル・インターネット（産業のインターネット）」というキーワードが話題になる中、産業機器のIoT化が注目を集めている。

この世界で存在感を高めているのが米サンフランシスコに本社を置くベンチャーのC3 IoTだ。AI（人工知能）とビッグデータを活用して、産業機器が故障する可能性などを解析。予測に基づいた機械の保守・管理に加えて、生産設備の運用の最適化や電力などのエネルギーの管理をするためのソフトウエア・プラットフォームを提供する。多数の産業機器がネットに接続されることで得られる膨大なデータを解析することで、工場などの設備の運用効率を高め、コストを削減できるという。

２０１８年５月には、米半導体大手のインテルとＡＩを利用するソフトウエアとハードウエアで提携すると発表。金融サービス業や鉱山業、石油・ガス産業、ヘルスケア、製造業、航空宇宙、防衛、公共部門などでの活用を視野に入れている。

Ｃ３ ＩｏＴの創業者はトーマス・シーベル氏。１９９３年にＣＲＭ（顧客情報管理）ソフトの米シーベルシステムズを創業し、２００６年にソフトウエア大手の米オラクルに売却したことで知られている。シーベルのＣＲＭソフトは当時高いシェアを持っており、ＩＴ業界で高く評価されていた。

ヘルスケアや金融サービスにも顧客基盤を拡大

09年にシーベル氏はＣ３ ＩｏＴを創業した。当初は電力やガスなどのエネルギー会社から産業機器に設置された多数のセンサーからデータを収集。ＡＩの機械学習を活用した技術でビッグデータを解析する技術を開発することで、顧客を獲得してきた。このノウハウを生かして、製造業やヘルスケア、金融サービスなどに向けたソフトウエアを開発し、顧客基盤を拡大している。

産業向けＩｏＴに力を入れてきた米ゼネラル・エレクトリック（ＧＥ）は業績不振に陥り、針路が見えない。そんな中でC3 IoTはIoT分野で攻勢を強め、成長に向けてアクセルを踏み込もうとしている。

046

カーボン Carbon

3Dプリンター ― 米国 ― 企業価値 18億ドル(約1980億円)

アディダスを魅了する超高速3Dプリンター

「3Dプリンターを使ってランニングシューズを量産する」。独スポーツ用品大手のアディダスがユニークな戦略を加速させている。3Dプリンターで量産するのは、次世代ミッドソールの「アディダス 4D」。以前のソールは金型などを使って樹脂などの素材を成型する「フォーム素材」を使っていたが、新しいソールは3Dプリンターで樹脂が立体的なグリッド(格子)状の構造になるように設計されている。

細かいグリッドはバネのように推進力を生み出し、同時に着地時の衝撃も分散するようになっている。グリッドは、ランニングに加えて、トレーニングなどの際にも反発力を生み、動きをサポートする。金型を使う場合には実現できない特殊な構造になっており、従来のフォーム素材のソールにはない優れた性能を実現できるという。将来的には個々人によって異なる足の形に合わせたカスタムソールを製造できる可能性も秘める技術だ。

「2018年末までに10万足」という大規模な量産を実現したのが、米ベンチャーのカーボンが開発した3Dプリンターだ。それまで3Dプリンターは試作には適していても、量産には不向きというイメージが強かった。3Dプリンターを使うと製造に時間がかかるために、量産効率が良くなかったからだ。

従来の最大100倍の速度で製造可能に

だが、カーボンが開発した3Dプリンターは最大で従来の100倍の速度での製造を可能にするという。「CLIP(Carbon3D's layerless continuous liquid interface production technology)」という技術を利用。「酸素透過性光学液体樹脂」という材料を使うことで、クッション性、安定性、耐久性を実現する。

3Dプリンターで立体的なグリッド状のソールを製造する(左)。3Dプリンターで製造したソールを搭載するアディダスのシューズ(下)。

従来の3Dプリンターでは薄い層を積み重ねていく「積層造形」タイプが多かった。これに対して、カーボンのCLIP技術では、まず容器の中に、発光ダイオード（LED）の光を当てると固まる光硬化性樹脂を入れる。そしてデジタル設計された情報に基づいて、LEDの光を照射すると、樹脂が硬化して連続的に造形されていくような仕組みだ。この技術を使うことで、高速化が実現できるようになったという。

一体成型で耐久性向上とコストダウンを実現

カーボンの3Dプリンターを製品の量産に使う動きは様々な分野で広がっている。

例えば、家庭用・業務用で、ジュースなどを作る際に使われるブレンダー大手の米バイタミックス。同社は店舗で商業用のブレンダーを洗浄するために使う「ノズル」の製造にカーボンの3Dプリンターを活用している。複数の部品を組み合わせて製造していたノズルを3Dプリンターを使って一体成型することが可能になったため、10倍以上の耐久性と3割のコストダウンを実現できたという。

革新的な3Dプリンターで躍進するカーボン。試作なしに量産が可能になる技術で、細かな設計変更もしやすく、製造業のルールを抜本的に変える可能性がある。

047

大疆創新科技 DJI

ドローン

ドローンの世界を支配する中国の王者

中国

企業価値 150億ドル（約1兆6500億円）

空撮、輸送、農薬散布、軍事、遊びまで、瞬く間に利用が広がっているドローン（小型無人機）。グローバルなドローン市場で7割を上回るトップシェアを誇るのが、中国のＤＪＩ（大疆創新科技）だ。２０１８年９月にスカイロジック・リサーチが発表したレポートによると同年のシェアは74％と他社を引き離している。

一般消費者向けから、プロ向け、産業用まで幅広い商品のラインナップに強みがある。

一般向けでは、折りたたんで持ち運べるコンパクトなドローンの「Mavicシリーズ」や小型の多機能ドローン「Sparkシリーズ」などを販売。５～20万円程度の価格帯が中心で、ビックカメラなどの家電量販店でも販売されている。

DJIの航空撮影用の「カメラドローン」

プロ向けでは200万円以上する「Inspireシリーズ」も販売。4Kカメラを搭載し、HD動画の伝送システムと一体化された映画制作用のドローンだ。映像制作の市場で高いシェアを持ち、利用が広がっている。

産業用では、農業向けに力を入れる。広大な農地などで、液体の農薬や肥料、除草剤を散布するドローンに加え、農作物が順調に育っているかどうかなど生育状況の把握に使うドローンも販売している。

エネルギー分野では、大規模な太陽光発電所や、風力発電タービン、石油やガスの精製施設、送電線、原子力発電所向けに、設備の検査用途のドローンも開発。熱画像で、温度の異常があるかどうかを検知したりすることで、不具合を迅速に検知して、修理や復旧などの対応に役立てる。

警備や人命救助、測量でも活躍

警備や人命救助の際の状況把握、建設業における測量や施工管理、交通インフラにおける渋滞の状況の把握など、ドローンを使った多様なソリューションも提供する。

DJIの強みは、ハードウエアとソフトウエアの両方の技術開発に力を入れていることにある。ハードでは、ドローン本体に加えて、温度センサー、カメラ、撮影の際のブレを防止するスタビライザーなども開発。ソフトでも、マッピング、３次元モデル構築、データ分析、画像処理、データ伝送など多様な技術を持っている。

ＤＪＩは06年、香港科技大学出身の汪滔（フランク・ワン）氏らが創業した。その後、本社を中国本土の深圳に移して、本格的な製品開発に乗り出す。現地でエレクトロニクス産業が急速に発展しており、試作や部品調達に有利だったからだ。

その後、ドローン本体、カメラなどが一体となり、ボタン1つで離陸させたり、着陸させたり、タブレットで簡単に制御できるオールインワンタイプの製品などを次々に開発して、瞬く間に高いシェアを握るようになった。

今では、世界各国の軍隊や警察、消防関連などの公共機関も、ＤＪＩのドローンを使用するケースが増えている。ただ一方でテロリストが利用するケースも出ており、高性能なドローンを手軽に入手できるリスクが問題視されている。

さらに中国企業であることから、軍事目的でＤＪＩのドローンを利用することは、安全保障上の懸念があるとする声も米国などでは上がっている。それでも圧倒的なシェアを持つＤＪＩのドローン技術は群を抜いており、ほかに選択肢が少ないことから、その優位性は簡単には崩れなさそうだ。

048

H2L H2L

ボディシェアリング技術

仮想現実でも「触感」を得られる技術

日本

企業価値 ―

仮想空間を飛んできた鳥が自分の指に乗った瞬間、本当に鳥が乗ったかのような感覚を実際に感じることができる。沖縄県のマングローブの林の中をカヤックで進む映像を見ながら、パドルを漕ぐ動作をすることで実際と同じような負荷を腕に感じられ、その場で実際に漕いでいるかのような体験ができる……。

「ボディシェアリング技術」と呼ばれる、筋変位センサーを利用して、手や腕などの身体情報をコンピューターと相互伝達することで、仮想体験を現実に近づけるような技術を提供するのがベンチャーのH2L（東京・江東）だ。

2019年1月にはNTTドコモと提携。高速で大容量の通信を可能にする5G（第5世代通信方式）を活用して、ボディシェアリング技術

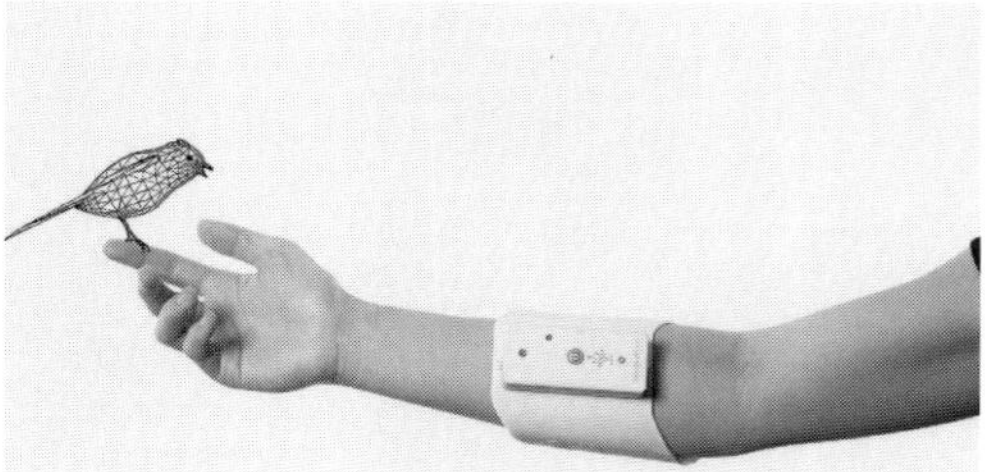

仮想体験を現実に近づけるH2Lの触感型ゲームコントローラ

を、パートナーに提供すると発表した。映像だけでなく、体にフィードバックする「体感」をH2Lの技術を使って実現するVR（仮想現実）コンテンツを提供する。

VRやAR（拡張現実）の市場は世界で急拡大することが見込まれている。18年12月に米調査会社のIDCが発表した予測では、22年のVR／ARの世界市場は1223億ドル（約13兆4530億円）。17～22年までに年率70％の高成長が予想されている。現状では、VRゲームや映像のコンテンツ視聴、ARゲームが主力だが、ビジネス向けの利用も急拡大しそうだ。またVRを利用したトレーニングや産業設備のメンテナンスの市場も拡大しそうだ。

遠隔地にいても、実際に機械を触っているような感覚

VRの普及が進む中、遠隔地にいても、現場で実際に体験しているかのように感じられる技術のニーズは高まるものとみられる。

とりわけ期待が大きいのが産業向けだ。例えば、遠隔地の工場にある機械を操作する際には、実機の操作と同様の感覚を得られた方がいい。実際に現場に行く際に、機械を安全かつ上手に扱いやすくなるからだ。VRを使う遠隔トレーニングでも、現場研修に近い効果を期待できる。H2Lの技術はVRが広がる時代に大きな可能性を秘めている。

049

マトリックス・インダストリーズ MATRIX Industries

温度差発電 ― 米国 ― 企業価値 ―

体温で発電するスマートウォッチ

2018年、人間の体温で発電するスマートウォッチが商品化された。手首に触れる面の温度と外気温の温度差を利用して発電するというユニークな仕組みだ。いわゆる「温度差発電」の技術を使い、スマートウォッチでは、時計機能に加えて、ユーザーの消費カロリー、活動量、睡眠などを測定することが可能だ。

温度差発電により、熱電ジェネレーターが体温を電気に変換するため、充電は不要。ユーザーの1日の歩数を自動で記録し、睡眠の質も測定することができる。50メートル防水で、着用したままプールや海に入っても問題ない。

このスマートウォッチを開発したのが、米シリコンバレーに本社を置くマトリックス・インダストリーズ。温度差発電ソリューションを提供

マトリックス・インダストリーズの「体温で発電するスマートウォッチ」(下)と温度差発電デバイス(右下)

するベンチャーで、温度差を電力に変換するジェネレーターを自社で開発する。電圧を変換するDC-DCコンバーターのASIC（特定用途向け半導体）も開発している。

こうした温度差発電の技術を搭載した製品の第一弾がスマートウォッチで、今後は様々な分野の製品に応用する方針だ。例えば、ヘッドフォンや補聴器などに応用できる可能性があるという。消費電力が小さい「ウェアラブル」と呼ばれる機器などで採用が広がることを期待している。

温度差発電デバイスや冷却技術も開発

ウェアラブルだけではない。HVAC（暖房換気空調設備）に取り付けられる温度差発電デバイスも手掛ける。商業用や住宅用の熱交換器ユニットに簡単に後付けで搭載でき、高いエネルギー効率を実現するという。

マトリックスは冷却技術も開発。「TEC（熱電冷却器）」と呼ばれる密閉空間を冷却する装置だ。電流を流すと、一方の面から他方の面に熱を移動させる「ペルチェ効果」という仕組みを利用した熱電変換デバイスで、冷却効果を生み出せる。

現在、主流となっている冷蔵・冷凍技術は、ガス、モーター、コンプレッサーを利用する場合が多い。これに対して、マトリックスの冷却技術は、静かでエネルギー効率も高く、フロンガスも不要だという。

ビッグデータなどを保管するサーバーや、冷蔵庫の冷蔵システム、冷蔵トラック、EV（電気自動車）のバッテリーを冷やすための熱電冷却システムなどへの採用を働きかけている。消防士向けの自己冷却機能がついた衣服、シャンパンを冷やす携帯型の小型冷蔵庫などへの搭載も視野に入れている。

050

ミツフジ *Mitsufuji*

ウェアラブルーIoT

日本

企業価値

「ウェアラブル」を支える基盤技術

心拍数などの生体情報を測定できるウェアラブルブラジャーを発売する——。2019年4月下旬、ミツフジ（京都府精華町）はワコールと共同で開発した新製品を発表した。

ミツフジが開発した導電性繊維と通信デバイスを組み込み、ワコールがブラジャーを製品化した。働く女性の健康管理に役立てることを目標に、格安航空会社のピーチ・アビエーションが協力し、客室乗務員向けに着用テストを行った。

取得した生体情報を使って、医師の監修を受け、メディカル・ビー・コネクト社がストレス解析を実施した。その結果、十分な睡眠や仕事のやりがいを感じているかどうか、スキルレベルに応じた仕事が割り振られているかどうかが、客室乗務員のストレスに影響を及ぼしていることが分かったという。

こうしたウェアラブル技術を開発しているのが、ミツフジだ。1979年の設立で、銀メッキ導電性繊維やウェアラブルIoT技術の開発や製造を手掛ける。

銀メッキ導電性繊維は、ウェアラブルセンサー、電極、電子波シールドなどに利用できる。心電や心拍数などの生体情報を収集できるスマートウェアに適しているという。

ミツフジがとりわけ力を入れるのが自社開発するスマートウェアシステムの「hamon」だ。心電や心拍数などの生体情報を収集して、ユーザーの健康管理に役立てることを狙う。筋電や呼吸数、加速度、温度、湿度などもモニタリングできる。

ウェア・機器・アプリも自社で開発

ミツフジはウェアに加えて、機器やアプリ、システムまで自社で開発する。例えば、ウェアにセットして生体情報を発信する小型のトランスミッター（発信機）。充電式で防水機能も備える小型で軽い製品を実用化した。

ウェアラブルのＩoＴ技術が脚光を浴びる中、衣類に使いやすい導電性繊維を売り込むことで、成長を目指している。調査会社のＩＤＣジャパンは、18年のウェアラブルデバイスの出荷台数（世界）は前年比８％増の１億２５００万台弱で、22年には２億台に迫ると予測する。

とりわけ靴・衣類型が拡大し、22年までの４年間に年平均で36％強の成長が見込まれる。急速に広がる巨大市場を狙い、ミツフジは攻勢を強めている。

051

プリファード・ネットワークス *Preferred Networks*

AIーソフトウエア ― 日本 ― 企業価値 2402億円

トヨタを魅了したAIの「小さな巨人」

トヨタ自動車、ファナック、国立がん研究センター……。日本を代表する有力企業や研究機関と、ＡＩ（人工知能）関連で次々に提携し、注目を浴びるベンチャーがある。プリファード・ネットワークス（ＰＦＮ、東京・千代田）だ。

創業は2014年と若いものの、AIのディープラーニング（深層学習）に強みを持ち、膨大なデータを効率的に処理・活用することで、自動運転や産業機器の進化や、医学の発展などを後押しする。

膨大なデータが生まれ続ける時代には、「データを一カ所に集めて処理する」という集中型のデータ処理やクラウドコンピューティングは適さないとし、「エッジヘビーコンピューティング」という分散協調的なデータ処理を実現する新しいコンピューティングを提唱。そのためのプラットフォーム製品を開発している。

自動運転に深層学習を活用

トヨタとは自動運転技術を中心に提携。クルマに搭載したカメラの画像から、車外の物体などをAIの深層学習を活用して、学習・認識する技術などを開発する。周囲を走行したり、停車したりしているクルマや歩行者、自転車、車線、信号、交通標識などを認識する。

昼夜などの明るさの違いや、雨や雪など天候によって大きく変化する状況を、AIが自動的に学習。あらゆる状況に対応する自動運転が可能な技術の開発を支援している。トヨタが重視する安全な自動運転の実現に力を注いでいる。

ファナックとは産業用ロボットの開発で提携。ＰＦＮのＡＩ技術を使い、ロボットの故障を事前に予測する技術を実現しようとしている。正常なロボットのデータと、異常が起きたロボットの過去からの大量の稼働データを、ＡＩが解析することで、故障が起きる数日前に検知することが可能になったという。

医療分野にも力を注ぐ。例えば、乳がんは、「マンモグラフィー」などの画像診断装置を使って検診する。だが、その精度は約80％とされる。そこに血液検査を組み合わせることで、約90％に精度を高めている。さらに過去の統計データをＡＩの深層学習を使って解析して、患者のデータと照合すれば、その精度は99％に高められるという。

ＰＦＮの事業展開は新しいステージに入ろうとしている。ＡＩのソフトウエア技術に強いイメージがあるが、ハードウエア技術も自社で取り組もうとしているのだ。

ディープラーニング・プロセッサーも開発

19年2月には、本社がある東京・大手町に、ロボットハンドなどの試作と検証が迅速に実施できるラピッドプロトタイピングが可能な「メカノ工房」という施設をオープンさせた。ソフトウエアで制御するロボット関連の研究開発を自ら手掛けるためだ。

AIを使った大量のデータ処理に欠かせない半導体の開発にも乗り出した。それが深層学習に特化したディープラーニング・プロセッサーの「MN-Core（エムエヌ・コア）」。深層学習の特徴である「行列演算」に最適化されたチップだ。18年12月に開かれた展示会で、MN-Coreチップ、ボード、サーバーなど、PFNが独自開発した深層学習向けのハードウエアも公開した。

PFNはトヨタから100億円以上の資金を調達。ファナック、日立製作所、みずほ銀行、三井物産などからも20億円以上の資金を集めている。優れたAIの技術を活用し、日本企業の競争力を高めることへの期待が高まっている。

052

ヴィカリアス *Vicarious*

ロボットの知能化ソフトウエア

米国

企業価値

人間のように思考・学習するロボット

フェイスブック創業者のマーク・ザッカーバーグ氏、アマゾン・ドット・コムのジェフ・ベゾスCEO（最高経営責任者）、テスラCEOのイーロン・マスク氏がそろって投資することで知られるベンチャーが米サンフランシスコに本社を置くヴィカリアスだ。

今をときめく世界的なベンチャー経営者たちを魅了したのは、「人間レベルの知能を持つロボットを実現する」というヴィカリアスのビジョンだ。

これまでの産業用ロボットは、事前にプログラミングされたソフトウエアを使って制御するケースが大半だった。こうした「ティーチング」と呼ばれるロボットに作業を教え込むプロセスに時間もお金もかかっていた。

この問題を、大量のデータを解析するAI（人工知能）のディープラーニング（深層学習）などの手法を使い、ロボットが学習することで克服しようとしているのが、最近の多くのAIベンチャーのアプローチだ。

しかしヴィカリアスは、それとは異なるアプローチを取る。限られた数の事例から一般化を可能にするAIを開発しようとしている。人間はわずかな事例を学んだだけで、物事を一般化する能力を持っており、同じような能力を持つAIを実現できると考えている。

「教師なし学習」に集中

深層学習では、大量のデータを用いた「教師付き学習」が大きな成果を上げているが、ヴィカリアスは「教師なし学習」に集中する。再プログラミングなしに、ロボットが様々な環境で、効率的に作業できる人間の脳に近い知能を持つAIだ。

ヴィカリアスは、視覚と聴覚に関わる脳の一部である「新皮質」の研究にフォーカスし、人間の脳の計算原理に基づく、AIソフトを開発している。これは「AGI（汎用人工知能）」と呼ばれる技術だ。

例えば、取扱説明書を視覚的に読んで理解し、自分で家具を組み立てられるようなAIロボットを実現できるという。汎用人工知能の応用が可能な範囲は幅広い。製造、農業、輸送、医療、物流などの分野で活躍する様々なロボットの性能を、ヴィカリアスのAIで飛躍的に高めることを目指している。

ヴィカリアスの設立は2010年。タブレットを使って短時間でアンケート調査ができる技術を開発したベンチャーを共同創業した経験を持つスコット・フェニックス氏と、AIと神経科学の研究者でインド出身のディリープ・ジョージ氏が創業した。これまでに総額1億2000万ドル（約132億円）以上を調達し、50人以上の研究者を雇っている。18年10月には米シリコンバレーに本社を置くVC（ベンチャー・キャピタル）のファンドを通じて複数の日本企業も出資した。

ロボットが人間のように世界を概念的に理解できるようなAI技術を開発するハードルはも

ちろん高い。それでも、ヴィカリアスが人間の脳の計算原理に基づく汎用ＡＩを実現できれば、ロボット産業が根底から変わる可能性がある。

Ridesharing

第 9 章　ライドシェア

053

日本を攻める中国配車サービスの巨人

滴滴出行 *Didi Chuxing*

配車サービス

中国

企業価値 560億ドル（約6兆1600億円）

中国の配車サービス大手の滴滴出行が日本で攻勢を加速している。ソフトバンクと折半出資する合弁会社、ＤｉＤｉモビリティジャパン（東京・港）が２０１９年４月24日、東京と京都でタクシー配車サービスを始めると発表した。18年９月に大阪府でサービスを開始しており、いよいよ日本全国で本格的に事業を展開する。

19年度中に、東京、京都に加えて、北海道や兵庫県、福岡県などさらに10都市でサービスを開始する。中国からの訪日客が多い都市を狙っている。

中国慶節や春節などで訪日する中国人観光客を取り込んでいく方針だ。滴滴出行は、中国を中心に世界で５億５０００万人のユーザーを抱える。中国人にとり、普段使い慣れているスマートフォンのアプリを日本でも利用できるのは便利だ。

18年に800万人を突破した日本を訪れる中国人観光客を呼び込める可能性があり、日本のタクシー会社にとっても魅力がある。スマホのアプリを利用することで、利用客と運転手の双方が言語での意思疎通にハードルがあっても、目的地まで移動しやすくなる。

さらに決済面でも利便性を高める。DiDiに対応するタクシーでは、アプリに事前登録するクレジットカードでの決済に加えて、ソフトバンクとヤフーが共同展開するスマホ決済サービス「PayPay（ペイペイ）」を使えるようにする。

ヤフーとの連携を配車に生かす

もちろん日本人客の獲得も狙う。「Yahoo!乗換案内」のルート検索画面には、新たにDiDiによるタクシー利用が移動手段として表示。そこに現れる「アプリを開く」というボタンをタップすれば、DiDiのアプリにつながって配車される仕組みだ。

DiDiを使えば使うほど割引クーポンがもらえる「マイレージプログラム」も19年夏から開始。利用金額に応じて、会員のランクがアップして割引額が大きくなる仕組みだ。さらにアプリ内決済（事前登録済みのクレジットカード決済）を利用する場合、迎車料金が無料になるキャンペーンも展開する。

日本の配車サービスでは、日本交通系の「JapanTaxi（ジャパンタクシー）」が47都道府県に展開。ディー・エヌ・エー（DeNA）やソニーの新会社もあり、競争が激化している。後発でも訪日客と日本人客にDiDiが浸透できるかが注目される。

滴滴出行の創業は12年。配車サービスを開始してから瞬く間に利用者が急拡大し、16年にはウーバーの中国事業を買収。中国のアリババ、テンセント、百度（バイドゥ）というインターネットの巨人3社から出資も受けている。

中国内で圧倒的な存在感を持つようになり、海外にも進出。日本はその試金石となる市場だ。ウーバーや東南アジアのグラブなどのライバルに挑戦することで、グローバル企業への脱皮を図ろうとしている。

054

ドライブジー *Drivezy*

カーシェアリング

インド

企業価値 **4億ドル**（約440億円）

「バイクが1日320円」インド発カーシェア

MaaS（モビリティー・アズ・ア・サービス）が普及しやすい環境や市場という面で見ると、

先進国や中国以外でも注目すべき国がある。13億人超の人口を抱えるインドだ。

固定通信網が整わないうちに無線通信技術が導入され、スマートフォンが急速に普及したように、新興国では時折「リープフロッグ（カエル飛び）」と呼ばれる一足飛びの技術導入が起きる。そしてインドは、モビリティー分野における「カエル」になる可能性を秘める。

自家用車の普及率は3%にも満たないインドで、人気が高まっているのが、自動車や二輪車を時間単位で借りるカーシェアリングだ。

「事業は急成長している」。インドのバンガロールで2015年に創業したカーシェアリングのベンチャー、ドライブジーの共同創業者でCEO（最高経営責任者）のアシュワリヤ・シン氏はこう話す。

月間流通総額は倍増

同社の19年3月時点の月間流通総額（GMV）は350万ドル（約3億8500万円）と、前年同月比で倍増した。月間利用者数は19年1

バイクシェアリングに力を入れるドライブジーのアビシック・マハジャン共同創業者

月から3月の間で3倍に増えた。

リーズナブルな価格が人気の背景にある。プランにもよるが、同社のシェアリングサービスは1日当たり200ルピー（約320円）程度で二輪車を借りることができ、160kmの走行まではガソリン代もかからない。四輪車でも120kmまでガソリン代無料で費用は1日1000ルピー（約1600円）程度だ。

さらにITを活用し、車両の貸し手と借り手が安心して利用できるような仕組みも導入している。車両にはGPS（全地球測位システム）端末を取り付け、その行方を常時把握している。盗難など不測の事態が起きた場合は、遠隔操作で車両のエンジンを止めることができる仕組みも作っている。

インドの習慣とテクノロジーを融合

インドにはもともと自動車を複数の家族や友人同士でシェアする習慣があった。テクノロジーを利用し、これを最新のビジネスに仕立てたのがドライブジーだ。さらにカーシェアはライドシェアと結びつき、新たな商習慣も生み出しつつある。「自家用車を持っていない人がカーシェアの車両を（借りて）利用し、ライドシェアのドライバーとして稼ぎ始めている」。ドライブジーの共同創業者のアビシック・マハジャン氏はこう指摘する。

インド発のカーシェアリングサービスは、先進国では考えもつかないようなビジネスモデルに発展する可能性を秘めている。

(日経ビジネス2019年4月22日号の記事を再編集しました)

055 ゴジェック GO-JEK

配車・宅配サービス — インドネシア — 企業価値 95億ドル(約1兆450億円)

マッサージ師も修理工も宅配

インドネシアで急成長するモビリティーベンチャーのゴジェック。バイクタクシーの配車サービスが主力だが、サービス内容は実にユニークだ。レストランから食事を配達してくれたり、マッサージ師を連れてきてくれたり、自宅から会社に忘れ物を届けてくれたりする。

創業は2010年。バイクタクシーの運転手が利用者を探す待ち時間が長いことに目を付けたナディム・マカリム氏がバイクの配車サービスをスタートさせた。マカリム氏は米ブラウン大学を卒業後、マッキンゼーでコンサルタントをした後に、ハーバードビジネススクールで

ＭＢＡ（経営学修士）を取得したエリートだ。

当初はコールセンターで配車を受け付ける仕組みだったが、15年にスマートフォンのアプリで配車ができるサービスを開始。短期間で利用者を急増させた。

その特徴は利用者の声を聞いて、配車に限らない多様なサービスを次々に提供していることにある。

例えば、「ゴーフード」という食事の配達サービスでは、高級レストランから手ごろなフードコートまで、様々な料理を自宅やオフィスに届けてくれる。インドネシア全土で10万軒ものレストランが登録しているという。

宅配サービスも展開しており、様々な荷物を配達。さらに映画などのチケット予約サービス、スマホ経由で注文すると1時間以内に最寄りの薬局から医薬品が届くサービスもある。

ユニークなものでは、マッサージ師のデリバリーサービスもある。それが「ゴーマッサージ」だ。24時間、３６５日利用が可能。３年以上の経験を持つ「セラピスト」と呼ばれるマッサージ師がパートナーで、身元調査で犯罪履歴がないかどうかも確認しているという。「ゴーグラム」というネイルケアやヘアスタイリング、フェイシャルケアなど、美容関連の専門家をデリバリーするサービスも展開する。

道路事情が良くない現地の悩みに対応

道路事情が良くない地域で起きがちなクルマの故障に対応した修理やオイル・バッテリーの交換、洗浄などのサービスも提供。清掃員を呼ぶことができる。掃除機による掃除やモップ掛け、浴室などのクリーニングに加えて、キッチンの掃除、アイロンがけと折りたたみなどのサービスもある。

ゴジェックは海外展開も加速する。18年9月にベトナムに進出。東南アジアでの事業拡大を目指している。配車以外を含む多様なサービスで、それぞれの地域に根を下ろそうとしている。

056

グラブ Grab

配車・決済サービス

シンガポール

企業価値 **140億ドル**（約1兆5400億円）

タクシーや自転車もシェア、決済も提供

中国で爆発的に広がったスマートフォンを利用した自転車シェアリングサービスが、東南アジア諸国連合（ASEAN）市場を侵食する。この地でけん引するのは、タクシーの配車サービ

スを展開するシンガポールのグラブ。２０１８年３月９日、事業参入を発表した。

スマホ上の専用アプリを開けば、利用者の近くにある空いている自転車を地図上で表示。自転車に貼り付けられたＱＲコードにスマホをかざして個人認証が完了すると、自転車のロックが解錠される。決済もスマホ上で済ませられ、乗り捨ても可能だ。

もっとも、この使い方自体は中国などで広がった自転車シェアサービスと変わらない。グラブのサービスの特徴は、「ＡＳＥＡＮ初の自転車シェアのマーケットプレイス（仮想商店街）」を標榜しているところ。シンガポールで自転車シェアサービスを展開する各社の自転車を「シェア」できるようにしたのだ。現在、参加しているのはオーバイク（ｏＢｉｋｅ）など４社。利用者はよりたくさんの自転車の中から選べるようになり、「乗りたくても近くに自転車がない」といった不満を解消する。

参加する自転車シェア会社のメリットは大きい。オーバイクのゼネラルマネジャー、ティム・ファン氏は「グラブが抱える膨大な数のユーザーに当社のサービスを提供できる。これほどたくさんのユーザーを当社単

自転車シェアリングのマーケットプレイスを発表

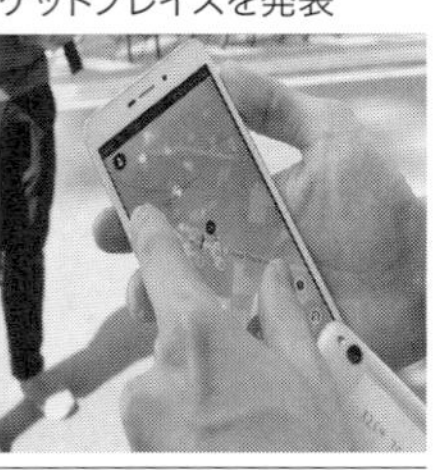

体で勝ち取ろうとしたら、長い期間を要する」と説明する。

実際、グラブのアプリのダウンロード数は18年5月時点で約9900万件に上る。グラブで投資案件を扱うグラブベンチャーズのトップ、ルーベン・ライ氏は「ユーザー、提携先企業、当社の全てが利益を見込める理想的な『ウィンウィンウィン』の事業になる」と自転車シェアサービスに期待を込める。

米国のハーバードビジネススクールの級友だったマレーシア出身のアンソニー・タン、タン・フイリン両氏が12年に設立したグラブ。タクシーの配車サービスを軸に事業拡大にまい進する。14年にはソフトバンクグループから2億5000万ドル（約280億円）というグラブにとって初めての大型の資金調達に成功。その後、ソフトバンクから社長の派遣も受け、経営を軌道に乗せた。18年3月には米ウーバーテクノロジーズからASEAN事業を買収すると発表。事業基盤を固めた。

「タクシーは怖い」というイメージを変える

配車サービスを始めたきっかけは、CEO（最高経営責任者）を務めるアンソニー氏がマレーシアに帰国中、海外からやってきた友人から聞いた「タクシーに乗って怖い思いをした」という話だったという。カネをだまし取られたり、危険な目に遭ったり。マレーシアに限らず、ASEANではまだまだタクシーのサービスの質は低い。

アンソニー氏らは普及し始めたスマホを使って、安全な移動を提供するタクシー配車アプリを思いつく。まず、マレーシアで事業を立ち上げ、13年にはフィリピンとシンガポールに進出。14年にはベトナムとインドネシアでもサービスを始め、同年には拠点をシンガポールに移した。

タクシー配車にとどまらず、ウーバーと同じように一般乗用車を使った移動サービスや、二輪タクシーへとサービスの幅を広げていく。現在ではヒッチハイクや自転車シェアなども含め10種類以上のサービスを提供。対象地域は8カ国217都市に及ぶ。グラブのアプリを使うドライバー数は240万人超。17年11月には創業から数えて計10億件の乗車を達成し、配車アプリでは「シンガポールやインドネシアなど6カ国でトップシェア」(同社)という。

米ウーバーが自家用車の配車サービスを中心とするのに対し、グラブはタクシー会社とも提携してタクシーを配車。渋滞に巻き込まれにくい二輪車や価格の安い回遊シャトルバスなど、あらゆる移動手段を用意する。

猛烈なスピードでの成長には、ソフトバンクの影がちらつく。同社はグラブに加え、世界の配車アプリ市場の開拓者であるウーバーにも出資している。ASEAN域内で激しい競争を繰り広げるグラブとウーバー。ドライバー確保や利用促進に向けた費用がかさむなかで、「共倒れ」

は避けたい。

そこで打ち出したのがウーバーのASEAN事業のグラブへの譲渡策。ウーバーにはグラブ株の27・5％の取得とダラ・コスロシャヒCEOのグラブ取締役就任で、今後の成長に見合った投資収益を得られるようにしたとされる。

ゲームチェンジャーになったグラブペイ

もちろん、グラブはソフトバンクの力だけを頼って事業規模を拡大させてきたわけではない。「ゲームチェンジャーとなったのがグラブペイ（GrabPay）だ」とグラブCEOのアンソニー氏は強調する。

16年12月に提供を始めたグラブペイはグラブがユーザーに提供するモバイル決済サービスだ。グラブのサービスの支払いに使うだけでなく、提携先のEC（電子商取引）サイトで商品を購入したり、QRコードをスマホで読み取れば飲食店で代金を支払ったりできる。

グラブは配車サービスを軸にしながら、グラブペイというモバイル決済基盤の上に多種多様なサービス提供者を呼び込むことを狙っている。様々なサービスを受けられるから利用者が集まり、その利用者を取り込もうとサービス提供者も集まる構図だ。

「グラブ経済圏」はすっかり、ASEANの消費者に根付いている。

（日経ビジネス2018年6月11日号の記事を再編集しました）

057

リフト *Lyft*

配車サービス

米国でウーバーを猛追するライバル

米国

企業価値 220億ドル（約2兆4200億円）

ライドシェア（相乗り）サービスの巨人、米ウーバーテクノロジーズを脅かすライバルはどこか？ こう聞くと米国では多くの人が異口同音に「リフト」と答えるだろう。

スマートフォンのアプリで呼べば数分でクルマが到着し、目的地に連れて行ってくれるという点で、リフトのサービスはウーバーとほぼ同じだ。使い勝手を継続的に改善して、ライバルに匹敵するサービス内容を実現して成長を続けている。2018年時点で、3000万人を超えるユーザーが利用し、約200万人のドライバーを抱えるまでに成長している。米国での市場シェアは3割に達しており、存在感は大きい。

リフトの創業は12年で、現CEO（最高経営責任者）のローガン・グリーン氏らが設立した。

グリーン氏はカリフォルニア大学サンタバーバラ校出身で、学生時代に長距離旅行用のライドシェアサービスを発案。07年に創業したジムライドという相乗りサービスのベンチャーがリフトの前身となった。

スマホのアプリで、乗客の近くにいるクルマをマッチングする仕組みだ。乗客がドライバーを5段階で評価することで、問題が少ない優良なドライバーがサービスを続けられるようにしている。

通常のライドサービスに加えて、同じ方向に移動する複数の人をマッチングして、より安価に輸送できるシェアードライドというサービスを提供。6人以上が乗ることができる車両や、黒塗りの高級車を選べるサービスも提供している。

ドライバー獲得のために英語レッスンも

ドライバーを獲得するために、様々な工夫をしている。2万台以上のATMを無料で利用できる銀行口座を提供。発行されたキャッシュカードを、ガソリンや食料品を買う際などに使うと1〜4%のキャッシュバックが得られる仕組みを導入している。

クルマの修理費用を最大5割削減できるようなサービスも提供。故障が発生すると、リフトのモバイルサービスバンという車両がやってきて修理するサービスもカリフォルニア州で開始した。

外国出身のドライバーが多いことから教育支援にも力を入れる。オンラインの英語レッスンで、英語力を高められるコースを提供。大学進学や就職に役立つ英語能力証明書も発行する。地道な取り組みでドライバーを増やしてきたことが、ウーバーの対抗馬としてリフトが存在感を高めている背景にある。

リフトは19年3月、米ナスダックで株式を上場。取引初日の終値で集計した時価総額は約220億ドル（約2兆4000億円）に達した。筆頭株主は楽天で、上場前の時点で13％の株式を保有しており、多額の上場益を手にしたと見られる。

058

オラ（Ola） ANI Technologies

三輪タクシー配車サービス ― インド ― 企業価値 60億ドル（約6600億円）

三輪タクシーを配車する庶民派ライドシェア

インドの至る所で目にする「オートリキシャ」。三輪タクシーで、後部座席に2人程度が乗車できる。観光客にとり、値段はあってないようなもので値段交渉と目的地にちゃんと送り届けてもらえるかが心配の種だった。

このインドを代表する交通手段を劇的に変えたのが、インドのANIテクノロジーズだ。2010年の創業で、当初はムンバイを拠点に「オラ」のブランドで三輪タクシーの配車を手掛けていたが、バンガロールに本社を移し、14年からは四輪タクシーの配車も始めた。

インドでは、流しのタクシーが少ないうえに、運転手が道に迷うことが多く、料金交渉も面倒だ。だが、オラのサービスは、スマホアプリで、三輪を含むタクシーを呼べることに加えて、事前に料金も分かる。しかもアプリが目的地まで運転手をガイドしてくれることもあって、爆発的に利用が拡大した。その後、相乗りタクシーサービスや、レンタカー、カーシェアリング、二輪車のシェア、大学構内向けシェアサイクルなどに事業を拡大している。

ソフトバンク・スズキと組む

日本企業もオラの成長に注目し、出資や提携を進めている。17年にはソフトバンクグループが3億3000万ドル(約360億円)を出資。その後、追加出資して、今ではANIテクノロジーズの株式の25%をソフトバンクグループが保有する。

同年にはインドの自動車販売でシェアトップのスズキも、現地子会社のマルチ・スズキを通じてANIテクノロジーズと提携。オラ経由で個人タクシーを始めたい人を紹介してもらい、ドライバーとなる人材を育成する。

4万人規模のドライバー育成を目指しており、スズキの現地販売店でトレーニング。トレーニングを受けた人が購入資金を借りられるように金融機関も紹介して、スズキ車の購入につなげるという。

こうした援軍を得て、ANIテクノロジーズは成長戦略を加速する。18年にフードデリバリーのフードパンダ・インディアを買収。さらにオーストラリアにも進出し、シドニーやメルボルンなどでサービスを開始している。

059

ウーバーテクノロジーズ *Uber Technologies*

配車・宅配サービス ― 米国 ― 企業価値 670億ドル(約7兆3700億円)

空飛ぶクルマにも注力する配車サービスの王者

「まるで魔法のじゅうたん」。米サンフランシスコ在住のソフトウエア大手の社員は、米ウーバーテクノロジーズが提供するライドシェア（相乗り）サービスをこう表現してみせる。そして、こう続けた。「今ではウーバーなしの生活は考えられない」

自家用車を提供する個人と、移動したい個人をスマートフォンのアプリを介してつなぐ、このサービス。相乗りしたい利用者がどこにいようとも、ドライバーが自家用車に乗って短時間で駆けつけ、手ごろな料金で目的地に運んでくれる。

利用者は年間延べ9億人以上

ウーバーは２０１０年にサンフランシスコで配車サービスを始めたが、今や世界で約80カ国・地域の６００以上の都市でウーバーのアプリが使える。その利用者はドライバーだけで３００万人以上。相乗りする利用者は1年間に延べ９億人に達する。

記者がニューヨークやサンフランシスコなどで試したところ、配車を依頼してから２～４分でクルマが到着した。ウーバーの交通政策担当責

米国で走行実験を繰り返すウーバーの自動運転車

任者であるアンドリュー・サルツバーグ氏はこう自画自賛する。「配車できるクルマの数が増え、米国の大都市では待ち時間は5分以内のエリアが多い。タクシーよりはるかに便利だ」

ウーバーの成長をけん引してきたのが17年6月までCEO(最高経営責任者)を務めた創業者のトラビス・カラニック氏だ。強力なリーダーシップで同社を急拡大させてきた。だが、ドライバーへの暴言や、社内のハラスメント問題への対応、ライバル企業の機密情報を盗もうとしたなどのスキャンダルが相次いで、失脚した。

創業者のスキャンダルはトップダウンのスタートアップにとって致命的。そんな窮地のウーバーのCEOに17年8月に就いたのが、インターネット旅行代理店の米エクスペディアのトップだったダラ・コスロシャヒ氏だ。

「利益よりもハート(心)で考え、正しいことを実行する」。コスロシャヒ氏はそんな方針を掲げる。「成長が最優先で、手段を選ばない傾向があった」(同氏)ウーバーの企業風土を変えるため、多くの社員と繰り返し対話。1200人以上の社員から募った改革のアイデアを社内で議論し、行動規範を定めた。

ウーバーは確かに変わった。それまで対立することが多かったタクシー業界や規制当局と対話し、協調する路線も打ち出している。シンガポールでは既にタクシー会社と提携し、ウーバーのスマホアプリをタクシーに提供。日本でもタクシー会社と協業する。

配車サービスだけでなく、レストランの料理を自宅やオフィスに宅配する「ウーバーイーツ」にも力を入れる。日本でも都心部を中心に黒いサイコロ状のロゴ入りバックパックを背負って自転車で走り回る配達員の姿を頻繁に目にするようになった。

ビーチで寝そべっていても料理がすぐ届く

位置情報の精度が高いため、「カリフォルニアのビーチで寝そべっている時でも、食べたい料理がすぐに届く。これまでにないワクワクするようなサービスだ」と、同事業を中核とするウーバーエブリシングの責任者、ジェイソン・ドローギー副社長はこう強調する。

「ウーバーにとってのクルマは、アマゾン(・ドット・コム)にとっての本のようなものだ」。ウーバーCEOのコスロシャヒ氏は自社の成長戦略を、本から家電、雑貨、食品などへと取り扱う商品の種類を広げたアマゾンに例える。ライドシェアサービスで利用者が使い慣れたアプリを「プラットフォーム」にして、その上で多様なサービスを展開するというのだ。

ウーバーは運ぶものを、人からモノへと広げるだけでない。運ぶ道具そのものにも革新を呼び起こす。

ウーバーは自動運転車の技術開発にも力を入れる。担当する技術者は1750人。既に

200台以上の自動運転車を開発しており、米国とカナダの4つの都市で実証実験に取り組む。実際に一般利用客を乗せて運行。走行距離は合計200万マイルを超え、実用化に向けた自動運転データの収集を急ぐ。自動運転車の運用規模と累計の走行距離は、ほとんどの大手自動車メーカーを大きく引き離している。

ウーバー自身がライドシェア向け自動運転車に必要な基本システムを開発し、世界の自動車メーカーに供給することを目指す。

空飛ぶウーバーも開発

運ぶ道具はクルマにとどまらない。「空飛ぶウーバーを実現させる。クルマで2時間かかる距離を9分で移動できるようにしたい」。こう語るのはチーフ・プロダクト・オフィサーであるジェフ・ホールデン氏だ。

垂直離着陸型でモーターとバッテリーで駆動する電動航空機を開発。20年までに米ダラスなどで試験飛行させ、23年の商用化を目指す。既に米ヘリコプター大手のベル・ヘリコプターやブラジルの航空機メーカー、エンブラエルなど5社と提携。米航空宇宙局(NASA)出身の技術者も雇って、開発を加速している。

「一部のお金持ちだけでなく、誰でも利用できる手ごろなサービスを実現する」。ホールデン氏はこう意気込む。数千機の空飛ぶクルマの運航を目指す。

「多様な分野で輸送革命を起こす」という高い期待を背景に、ウーバーは19年5月10日に米ニューヨーク証券取引所に株式を上場。だが、初日の終値は41・57ドルとなり、公開価格の45ドルを8％下回った。時価総額は約760億ドル（約8兆円）に達したものの、多額の赤字が続くなど収益面の課題が浮き彫りになっている。

19年5月末には19年1～3月期の決算を初めて発表。売上高は前年同期比20％増の約31億ドルだったが、最終損益は約10億ドルの赤字となった。ライバルとの競争が激化する中、ドライバーへの報酬がかさんだことが、採算に悪影響を及ぼした。株式時価総額も約670億ドルにまで減少している。

輸送革命を目指すウーバーだが、まず主力のライドシェアで収益モデルを確立できなければ、未来への展望は開けない。

（日経ビジネス2018年3月26日号の記事を再編集・加筆しました）

Mobility

第 10 章　モビリティー

060

EVの〝黒子〟目指す京大発ベンチャー

GLM GLM

EVメーカー ― 日本 ― 企業価値 ―

EV（電気自動車）で米テスラを目指すよりも、〝黒子〟としてプラットフォーム事業に注力する――。2018年3月に京都大学発のEVメーカー、GLMが発表した戦略は自動車業界で注目を浴びた。

それまでGLMは「日本版テスラ」として自社ブランドのEVスポーツカーに力を入れると見られていた。14年に2人乗りスポーツカー「トミーカイラZZ」のEVバージョンを発売。さらに日本初のEVスーパーカーとして、4人乗りの「GLM G4」を投入することを発表していた。

とりわけG4は16年のパリモーターショーでコンセプトモデルが初公開され、話題になっていた。跳ね上げ式ドアのスーパーカーらしい洗練されたデザインで、最高出力は540ps。

停止状態から100㎞まで3・7秒で加速でき、最高速度は時速250㎞、満充電時に走行可能な距離は400㎞という高性能なスポーツカーだったからだ。

そんなGLMが自社ブランド中心の戦略を転換し、プラットフォーム事業に技術者を集中することを決めたのはなぜなのか。

中国を中心とする海外でEVに対する関心が高まり、政府の後押しもあって、開発を急ぐメーカーが急増。EVのスーパーカーも続々と登場する予定だ。

そんな中で、EV開発でGLMに協力を求めるメーカーも増えていた。17年には香港の投資会社オーラックスホールディングスの投資を受けており、中国などを含む自動車メーカーのEV開発を支援することがビジネスの可能性を広げると考えたのだ。

次世代型EVのプラットフォームを他社にも提供

自社で開発してきたEV技術を活用し、自動車メーカーのEVの量産や研究開発を支援する。さらに部品や素材、化学、ITメーカーなどの自動車関連事業の技術開発を支援する事業にも力を入れる。

GLMは、次世代のEVプラットフォームを開発し、自社ブランドの完成車だけでなく、他社のEV向けに供給していく。フレームやシャシー、サスペンションなどの車台とモーターやバッテリーなどで構成する駆動システムをプラットフォームと定義している。先進運転支援システム（ADAS）や、車載ソフトウエアの無線アップデート（OTA）などにも対応させる。

パートナーと協業するための研究開発拠点

18年11月にはEVの研究開発拠点を新たに開設。地上4階建てで、広さは2151㎡。1階と2階を研究開発拠点とし、3階と4階に本社機能を設けた。

プラットフォーム事業を推進するために、1階にはパートナー企業に「見せる開発現場」を作った。2階では他社との共同製作車両や部品などの開発現場を置き、個別のプロジェクトチームも活動できるようにした。

オリックス・レンテックと組んで、EVのプラットフォームのレンタルを開始。京セラや帝人ともEV向けの技術開発で協業している。

巨大市場になることが期待されるEV市場。だが、完成車メーカーとして競争するには、世界各地で勃興するライバルのEVメーカーの数はあまりにも多い。だからこそ、あえて黒子としての戦略を打ち出すことで、GLMは成長を実現しようとしている。

061

中国発のEVスーパーカー

蔚来汽車 NIO

EVメーカー

中国

企業価値 66億ドル（約7260億円）

下の写真を見ていただきたい。流線形を帯びたそのスポーツカーは今にもエンジン音をとどろかせながら走り出しそうだ。実際、このクルマは速い。最高時速は313㎞に達する。だが、エンジン音が聞こえることはない。電気で走るEV（電気自動車）だからだ。

ここは中国・上海にあるEVベンチャー、蔚来汽車の本社。「世界最速のEVから世界最速の市販車になったところだよ」。2017年5月下旬、記者を出迎えた広報担当者が誇らしげに紹介したそのクルマこそ、同社が予約販売を始めたばかりのEVスポーツカー「EP9」だった。

「6分45秒90」。広報担当者が指差した壁に掲げられたタイムが「世界最速」を更新した記録。北ドイツのサーキット「ニュルブルクリンク」で17年5月12日にたたき出した。

中国発のEVスーパーカー「EP9」

世界中の自動車メーカーが高速性能に磨きをかけるためにクルマを持ち込み、1周約20㎞を疾走してタイムを競い合うことで知られる同サーキット。EP9は16年秋にはすでにEVとしての最速記録を樹立していたが、17年5月にさらに20秒近くタイムを縮め、独ポルシェや伊ランボルギーニを抑えてトップに立った(順位は17年の取材時点のもの)。

「外観のみならず、技術面でも高級ブランドのイメージにふさわしいクルマだ」。朱江副社長は胸を張る。コックピットなどに軽量素材のCFRP(炭素繊維強化プラスチック)を採用。満充電時に走行可能な距離は427㎞に達する。価格は148万ドル(約1億6000万円)で、初期出荷の6台は中国ネット大手の騰訊控股(テンセント)創業者の馬化騰氏ら中国を代表する事業家の手に渡る。10台の追加生産も決まった。

EVバブルに沸く中国の自動車産業

中国の自動車産業が「EVバブル」に沸いている。EVを中心とした「新エネルギー車」の販売台数は16年、バスなどの商用車を含め約50万台。15年と比べて1・5倍に膨らんだ。

背景にあるのは中国政府が10年から徐々に拡大してきた普及支援策だ。地方政府の支援を含めると1台当たり最大6万6000元(約108万円)をメーカーに支給し、メーカーがEV

販売を拡大しやすい環境を整えている。上海など一部都市ではナンバープレートの取得に数万元の費用がかかるが、EVではこの費用も免除。自動車各社が補助金目当てに「水増し生産」している疑いもあるが、参入企業は約200社に上る。

そんなEV市場に「世界最速」の看板を引っ提げて参入した蔚来。その歴史は14年からとまだ日は浅い。創業者の李斌氏は中国で自動車のインターネット販売事業に乗り出し、米国上場も果たした実業家だ。

米シリコンバレーに自動運転技術やAI（人工知能）の研究部門を、独ミュンヘンにはデザインセンターを置く。日米欧など約40カ国の自動車メーカーやIT企業から集まったという社員はすでに2000人を超える。

それでいて、市販車は冒頭の「EP9」が初めて。まだ売り上げが「ゼロ」なのに、全面アルミボディーのSUV（多目的スポーツ車）型EV「ES8」の量産を計画。搭載する自社開発のバッテリーとモーターの生産設備のために30億元の巨費を投じた。20年には完全自動運転車「EVE」の米国市場への投入さえも計画している。

蔚来は非上場でありながら企業価値が10億ドルを超える「ユニコーン」の一角を占める。米調査会社CBインサイツによれば、その評価額は17年に28億9000万ドル（※19年時点では66億ドル）に達した。出資者にはテンセントやネット検索の百度（バイドゥ）、レノボ・グループといった中国のトップ企業のほか、シリコンバレーを代表するVC（ベンチャーキャピタル）、セコイア・キャピタルが名を連ねている。

豊富な資金力を武器に「爆走」する蔚来。朱副社長は「我々の目標は（トヨタ自動車の高級車ブランド）レクサスだ」と話す。品質にこだわる姿勢から学ぶべきことが多いと感じているようだ。その一方で、こんな自信もうかがわせた。「我々は新しい発想でビジネスを手掛けていく。もしかしたら、レクサス以上のクルマが生まれるかもしれない」

（2017年6月12日号の日経ビジネスの記事を再編集しました）

062

オトノモ・テクノロジーズ *Otonomo Technologies*

クルマのデータ取引所 ― イスラエル ― 企業価値 3億7000万ドル（約407億円）

つながるクルマの「データ取引所」

コネクテッドカー（つながるクルマ）のデータ売買を可能にする市場を提供する――。そんなユニークなビジネスを手掛けるイスラエルのベンチャー、オトノモ・テクノロジーズが注目を浴びている。

２０１８年２月、ＮＴＴドコモ傘下のＮＴＴドコモ・ベンチャーズが、オトノモへの出資を発表。通信事業者がオトノモに関心を持つのは、次世代通信規格「５Ｇ」で高速通信が実現すると、コネクテッドカー時代が本格的に幕を開けると考えているからだ。

高速インターネットに常時接続されるコネクテッドカーは、膨大なデータを生み出す。ＧＰＳ（全地球測位システム）の位置情報、走行速度、ガソリン消費、バッテリーなど、多岐にわたるデータは「宝の山」だ。どのようにクルマが使われているのか、ドライバーはどのような特性があるかが把握できるようになる。

自動車メーカーやテレマティクス事業者と組み、ビッグデータ取得

オトノモは数十社の自動車メーカーやテレマティクス事業者、データ活用事業者と提携することで、膨大なデータを取得。様々な車両のデータを、第三者の事業者が新しいアプリケーションやサービスの開発に活用できるように、匿名化するなどのデータ加工を実施、セキュリティー対策なども施して、取引できる市場を提供している。

どのような企業がコネクテッドカーのデータを欲するのか。自動運転に欠かせない地図の作成、駐車場などのサービスを提供する企業からすると喉から手が出るほど欲しい情報だ。

もちろん自動車の部品メーカーや関連サービスを提供する企業にとっても役立つ。自動車がユーザーによって、どのように使われているのかという詳細なデータが手に入れば、新商品を開発しやすくなる。これまで入手が困難だった貴重なデータが手に入る可能性があるため、オトノモと提携する企業が増えている。小売業者なら、クルマの走行状況を把握できれば、店舗の立地を決めやすくなり、何時から何時まで営業させればいいのかを考えやすくなる。保険会社にとってもメリットがある。ドライバーの詳細なクルマの利用状況が分かれば、よりリスクを細分化して、保険料金を設定することができ、新商品を提供しやすくなるからだ。

ドライバーに役立つ新サービスも

車両データを活用すれば、ドライバーにとっても役立つ新サービスが生まれそうだ。ガソリンが少なくなっているクルマには、付近のガソリンスタンドから割引などのプロモーションが届く。EV(電気自動車)で充電残量が少なくなれば、近くの充電スタンドを教えてくれるといったことが可能になる。

オトノモの創業は15年。5000万ドル(約55億円)以上の資金を調達しており、瞬く間に次世代の有力ベンチャーとして台頭している。

063

ボロコプター Volocopter

空飛ぶクルマメーカー

電気で動く「空飛ぶクルマ」

ドイツ

企業価値 —

18個の小型の回転翼を配置したドローンを大きくしたような「空飛ぶクルマ」が静かに世界の空へ飛び立とうとしている。ドイツのベンチャー、ボロコプターが開発したＶＴＯＬ（垂直離着陸機）「Volocopter 2X」だ。２人の乗客を輸送できる。

回転翼を電気とモーターで駆動するシンプルな構造で、ヘリコプターのようなけたたましい騒音は発生しない。このため、都市の中心部の限られたスペースで離着陸するのに適している。

ゲームに使うようなジョイスティックで操作するようになっており、直感的に動かしやすく、パイロットがジョイスティックから手を離したとしても、自動的に姿勢を保つ。自動操縦が可能な範囲では、ＶＴＯＬが自律飛行することも可能になっている。

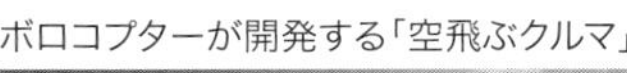

ボロコプターが開発する「空飛ぶクルマ」

プロペラ、モーター、バッテリーパック、電子機器などは、光ファイバーで接続されており、飛行制御と安定化のための支援システムも搭載。高い安全性を確保しているという。非常時のためにパラシュートも搭載している。

複雑な機械部品が多いヘリコプターと比べて、構造がシンプルなため、メンテナンスや修理、オーバーホールにかかる費用をおさえることができる。

ボロコプターのVTOLは、2016年という早い時期に世界で初めて有人飛行の認定を受けた。17年9月からはドバイ当局と協力し、空飛ぶ自動運転タクシーとして初めての飛行試験を開始。19年にはシンガポールでも試験飛行する予定だ。試験飛行を繰り返すことでノウハウを蓄積し、本格的なサービスの開始を目論む。

インテルやダイムラーが出資

交通渋滞が目立つ大都市では、空飛ぶタクシーへの関心が高まっており、ボロコプターと同様に、電動で騒音の少ないVTOLを多数飛ばして、タクシーのように気軽に使える交通システムを実現しようという動きが加速している。

もちろん空飛ぶクルマのライバルは多い。米ウーバーテクノロジーズに加えて、米航空機大手のボーイングのような巨人も開発に力を入れている。

それでも試験飛行をすでに始めているボロコプターは、この市場でトップランナーの位置につけている。米半導体大手のインテルやドイツの自動車大手のダイムラーの出資も受けたボロコプターは3〜5年以内の商用化を目指している。

064

小鵬汽車 *Xpeng Motors*

EVメーカー — 中国 — 企業価値 37億ドル（約4070億円）

テスラが警戒する中国の新興メーカー

「転職した人間が自動運転の秘密をもらしている」。2019年3月、米EV（電気自動車）メーカーのテスラからこう訴えられたのが、中国のEVメーカー、小鵬汽車だ。

テスラだけでない。自動運転技術を開発する米アップルも、同社から小鵬汽車に転職した元社員が機密情報を持ち出したと訴えた。18年、米連邦捜査局（FBI）は、実際にこの元社員を起訴している。

不名誉な問題で注目されている小鵬汽車。だが、それは、米国を代表するEVとITの両巨人が神経をとがらせるほど、中国の新興EVメーカーが力を高めていることの証左ともいえるだろう。

小鵬汽車の創業は14年と若い。同社として初めてのSUV（多目的スポーツ車）のEV「G3」を18年末に発売し、19年3月に納車を開始した。さらに2車種目となるセダンの「P7」も発表しており、次に発売することを予定している。

テスラが小鵬汽車を警戒する理由には、中国が世界最大のEV市場になろうとしていることにある。政府が積極的にEVの普及を支援。テスラも中国にEV用の電池と完成車の組み立て工場を建設している。

中国でテスラのライバルに

そんな中で小鵬汽車はテスラのライバルとなる可能性が高いメーカーだ。加速力に優れ、満充電時に走行可能な距離（航続距離）も300km～500km程度と長い。外観のデザインやスペックは、テスラを意識しているとしか思えないほど似ている部分がある。

例えば、「P7」の見た目は、テスラのEVセダンをほうふつとさせる。中国の自動車ショーに参加して実際に同車の展示を見たジャーナリストは、「遠目に見るとテスラ車とそっくりだ」

と指摘する。

テスラからすれば、現地に工場をつくって自社のEVを本格展開する前に、「テスラ似」のデザインで、安価なEVが多数出回るのは避けたいところ。だからこそ、「小鵬汽車を訴えたのではないか」という見方も多い。

「単なるコピー車メーカーにすぎない」と小鵬汽車をあなどれない背景には別の理由もある。中華圏を代表する技術力に優れた有名企業が同社を支援していることだ。中国のインターネット通販大手のアリババ集団とスマートフォン大手の小米（シャオミ）のCEO、さらに台湾の鴻海精密工業などが、小鵬汽車に投資している。ソフトウエアとハードウエアの両方の分野で、それぞれ世界の最先端を走る巨人たちの後押しを受けることは、小鵬汽車のEV開発に追い風になる。

先行者のデザインや技術を取り入れ、豊富な資金も投入することで、小鵬汽車はEVの巨人テスラに挑戦し、世界をリードする自動車メーカーになることを目指している。

Logistics

第 11 章　物流

065

フロースペース Flowspace

倉庫サービス　米国　企業価値 ―

必要な時だけ使える「オンデマンド倉庫」

企業が必要な時に必要なだけ、全国規模でオンデマンドの倉庫サービスを利用できる。長期間の契約や最低利用スペースなどの制約条件も一切ない。そんなベンチャーが米国で台頭している。米ロサンゼルスに本社を置くフロースペースだ。

以前から貸し倉庫ビジネスは多数存在したが、契約期間や利用するスペースに関しては様々な制約があった。だが、フロースペースでは、倉庫の利用料はパレット単位で発生し、使っていないスペースに関しては課金されることがない。「1カ月」といった短期間から倉庫を借りられることを売り物にする。

全米で500カ所の倉庫を確保。衣料品から、冷蔵品や冷凍品などの温度管理が必要なものまで、あらゆる種類の商品を扱うことができ、倉庫での箱詰めやラベル貼りなどの作業にも対応する。

顧客で増えているのが、インターネット通販で商品を販売する小売業者だ。米アマゾン・ドット・コムや世界で80万店舗が利用するネットショップ構築サイトのカナダのショピファイとシームレスに連携。顧客から注文を受けると、フロースペースが倉庫で預かっている商品をピッキングして、梱包して、配送する仕組みだ。

「ネット小売りは、商品開発やマーケティング、販売にフォーカスし、梱包や配送などの物流業務はフロースペースに任せてくればいい」というのがフロースペースの売り文句だ。

ムダな倉庫スペースを有効利用

ネット通販企業だけでなく、保有する倉庫スペースが余っている企業にとってもメリットがある。条件を満たした倉庫をフロースペースに登録すれば、無駄なスペースが有効活用でき、利用料金が毎月入ってくるからだ。フロースペースは、倉庫を管理するための使い勝手に優れたソフトウエアも提供している。

フロースペースは2017年、環境にやさしいベビー用品などを扱う米オネストカンパニー出身のベン・イーチャス氏(現CEO＝最高経営責任者)とソフトウエア技術者のジェイソン・

ハーバート氏（現CTO＝最高技術責任者）が創業した。インターネット通販が拡大する中でビジネスが成長し、19年4月までに15億5200万ドル（約1700億円）を調達した。

アマゾンなどが台頭しても、成長が期待できるインターネット通販の黒子として存在感を高めている。

066 フライトハブ FreightHub

貨物輸送サービス ― ドイツ ― 企業価値 ―

「陸」「海」「空」で物流の〝最適解〟を提供

航空、船舶、鉄道、トラックなど、あらゆる輸送手段から、スピードとコストの両面で顧客の要望にマッチする組み合わせを探せるデジタル貨物運送サービスを提供するのが、ドイツのベルリンに本社を置くベンチャー、フライトハブだ。

総合物流サービスを提供する企業は多数あるが、それぞれの会社が持つネットワークに依存し、見積もりもそれぞれから取るケースが一般的だった。

フライトハブは、こうしたさまざまな輸送ネットワークを横断的に検索でき、即座に費用の見積もりと予約ができ、出荷した荷物に関してはリアルタイムで追跡できるプラットフォームを提供する。

例えば、欧州最大のオンライン家具店「Ｈｏｍｅ24」。８００以上の製造メーカーから10万以上の商品を調達している。とりわけ多いのがアジアから調達する家具やインテリア用品だ。輸送時間が長くなり、在庫管理に問題が生じる場合が目立っていたという。

そこで、Ｈｏｍｅ24はフライトハブのサービスの利用を開始。同社のプラットフォームを使って、最適な輸送の組み合わせを決め、出荷などの配送情報の管理に活用している。グローバルな配送状況を管理しやすくなり、文書も共有されるため、税関などの当局からの問い合わせにも対応しやすくなったという。

通関に欠かせない文書化の作業も引き受ける

フライトハブは、どの貨物輸送の選択肢が顧客のニーズに最適かを示し、詳細な追跡手段を提供するだけではなく、通関などに欠かせない文書化の作業も引き受け、最新の状況を報告してくれることも、支持されている。

世界的に拡大している米アマゾン・ドット・コムの物流拠点に商品を預ける形で出品する企

業向けのサービス「フルフィルメント・バイ・アマゾン（ＦＢＡ）」にも対応している。

フライトハブが顧客の貨物を扱う際に、アマゾンのガイドラインに従って、パッケージとパレットを準備。顧客がアマゾンラベルをフライトハブのプラットフォーム上でアップロードすれば、それを商品に貼り付ける。

フライトハブの創業は２０１６年。それからわずか2年あまりで１０００社以上の荷主にパートナーネットワークを拡大している。欧州、アジア、北米間の海と空の貨物を扱う欧州の主要な運送業者へと発展しており、ＶＣ（ベンチャーキャピタル）から２３００万ドル（約26億円）以上の資金の調達にも成功している。

067

GLP GLP

物流施設

シンガポール

企業価値 **94億ドル**（約1兆340億ドル）

世界で急拡大、物流施設のモンスター企業

インターネット通販の拡大など需要拡大が続く物流施設。知られざるグローバルプレーヤーが日本で急成長している。

2019年4月、シンガポールの物流施設大手GLPの日本法人は、千葉県流山市で展開する「GLP流山プロジェクト」の第2フェーズとして、新たな物流施設を5棟開発すると発表した。すでに稼働している施設を含めたプロジェクト全体の総延べ床面積は約90万㎡。実に東京ドーム20個分に当たる巨大な物流施設だ。総開発費用も約1840億円と巨額だ。

この物流施設は日本最大級であるだけでなく、これまでになかったような様々な新しい機能を備えている。例えば、流山市公認の保育所で20〜30人を預かることができる。さらに深夜や早朝に働くことが多いドライバーなどに配慮して、シャワー室やコインランドリーなども設置している。

GLPは日本国内で流山市以外にも多数の物流施設を運営。09年に日本法人を設立して以来、急成長を続けており、全国で106棟、総床面積558万㎡の物流施設を運営する。神奈川県相模原市にも流山に近い規模の巨大な物流施設を建設している。

世界各地に巨大な物流施設を続々建設

ネット通販を軸に物流需要が拡大する流れは、もちろん世界的なものだ。GLPの物流施設は、中国でも総延べ床面積2920万㎡（開発中の物件を含む）、米国でも総延べ床面積約

１６２０万㎡と、両国でそれぞれ最大級の存在になっている。欧州やブラジルなどでも事業拡大に積極的だ。

グローバルで見ても、物流施設の総延べ床面積は世界最大級の７３００万㎡、運用資産総額は６４０億ドル（約7兆円）に達する。

スポーツ、化粧品、自動車……、グローバル企業を魅了

巨大なネットワークは、多くの世界的な大企業を魅了する。インターネット通販ではアマゾンに加えて、中国の京東商城などが顧客になっている。スポーツメーカーではドイツのアディダス、化粧品では仏ロレアルや米エスティローダー、自動車メーカーではドイツのダイムラーやＢＭＷなどが名を連ねている。

強みは物流施設にフォーカスすることで築き上げた効率的な施設設計と運用のノウハウだ。コンベヤーやロボットなどを活用した自動化による省力化などを得意としている。

物流施設のグローバルな覇者として、ＧＬＰの存在感は高まる一方だ。

Healthcare

第 12 章　ヘルスケア

068

アルファ・タウ・メディカル *Alpha Tau Medical*

医療機器 ―イスラエル― 企業価値 ―

がん細胞のDNAを「アルファ粒子」で破壊

「アルファ粒子」を放出することにより、がん細胞のDNA（遺伝子）を破壊できる――。世界中の人が悩むがん治療に役立つ新しい医療技術が脚光を浴びている。

開発したのはイスラエルの医療ベンチャー、アルファ・タウ・メディカル。新たな放射線治療法は「アルファ・ダート」と呼ばれている。アルファ粒子を放射するシードを固形腫瘍に留置することで、シードの周囲にあるがん細胞を死滅させる治療法だ。

従来のエックス線やガンマ線などの放射線治療では効果が低かった腫瘍に加えて、すでに放射線治療を施した腫瘍、化学療法で治療効果が得られなかった腫瘍に対しても効果が期待できるという。

さらに従来のがん治療との併用も可能で、腫瘍周辺の健全な組織に対するマイナス影響を最小限に抑えることも期待される。このため患者への負担が少ない治療を目指せそうだ。しかも、アルファ・ダートによる治療は、基本的に入院を必要としないという。

臨床試験で優れた治療効果

すでにイスラエルとイタリアで実施した、頭頸部がんを対象とした臨床試験で優れた治療効果を示したという。患者数は15例、経過観察期間は30～45日間で、がん細胞が縮小したか死滅した患者の割合を示す完全奏効率は73・3％、反応率100％で、被験者に現れた副作用は許容範囲で軽かったという。

日本でも2019年5月から治験を開始。ヘカバイオ（東京・中央）が、独立行政法人医薬品医療機器総合機構（PMDA）にアルファ・ダートを使う治験計画届書を提出した。放射線治療の既往がある再発性の頭頸部がんや、放射線治療の既往があり、内科的治療の効果が低く、ほかに治療の選択肢がないと判断された再発性・難治性の乳がんの患者を対象に、国内臨床試験を実施する。21年の市場導入を目指して開発を進めている。

世界各地で臨床試験を進めており、より明確な効果が出ることが示せれば、がんの新たな治療方法としてグローバルに広がる可能性がありそうだ。

069

医療機関

アラビンド・アイ・ホスピタル *Aravind Eye Hospital*

インド ― 企業価値 ―

貧困層を失明から救うインドの医療機関

貧しさゆえに、白内障になっても、十分な治療を得られず、失明してしまう。13億の人口の中に、多数の貧困層を抱えるインドでは、眼の病気にかかって失明する人が多い。

この問題を何とかできないかと考え、「避けられる失明をなくす」ことを掲げて、インドで活動しているのが、アラビンド・アイ・ホスピタルだ。南インドで10カ所以上の眼科専門の病院を運営する同医療機関のビジネスモデルは驚くべきものだ。

お金がない患者は無料で診察し、お金がある患者から支払いを受けるというモデルを採用する。実際には白内障の手術では全体の半分弱の患者が無償。35％がコストの3分の2を負担し、18％がコストを上回る費用を払うという3段階の手術費用システムだ。アラビンドの系列病院では、1年間に420万人弱の外来患者を治療し、48万件弱の手術を実施している。このうち、有料の手術は24万件強だった。

低コストの医療を実現するのが、「マクドナルド式」ともいわれる効率を重視した診察・手術システムだ。アラビンドの主力病院では、1日200件という驚異的な数の手術を実施する。手術室は大部屋制になっており、ずらりとベッドが何台も並ぶなかで、医師と看護師は流れ作業のように、隣のベッドへと移動して、患者を施術していく仕組みだ。先進国の常識では考えられないが、多数の患者を効率的に手術できることが、医療コストの削減につながるという。

人工レンズのコストを大幅に削減

医療コストを下げるために、白内障の手術で使う、人工レンズのコスト削減にも取り組んできた。オーロラボという医療機器メーカーを設立。流通にかかるコストやマージンを大幅に削減することで、人工レンズの大幅な低価格化を実現した。オーロラボはこのノウハウを生かして、製造領域を拡大。眼科用薬に加えて、心臓血管縫合糸、顕微手術用縫合糸、消毒薬なども製造するようになっている。

アラビンド・アイ・ホスピタルの創設者は、医師のゴヴィンダッパ・ヴェンカタスワミ博士。貧困層でも治療を受けられる医療を提供するために、同病院を設立した。その後、病院でありながら、オーロラボを通じて、手術用品、医療機器、薬の製造も手掛けるシステムを構築し、低コストの医療を実現している。

もちろんこのモデルはインド以外の貧困層が多い新興国にも適用できるものだ。すでにオーロラボが製造する安価な人工レンズなどの製品は海外への輸出を拡大している。医療機関の仕組みを含めた「アラビンドモデル」は世界に広がろうとしている。

070

カリコ *Calico*

不老不死研究

グーグル発の〝不老不死〟ベンチャー

米国

企業価値 —

「不老不死」を研究するという不思議な子会社を米グーグルは2013年に設立した。それが米シリコンバレーエリアに本社を置くカリコだ。当時、会社を設立した目的について、グーグル創業者のラリー・ペイジ氏はこう語っていた。「健康、幸福、そして長寿にフォーカスした会社だ」

その言葉通り、カリコは、最先端のテクノロジーを活用して寿命を制御する研究に取り組んでいる。人類がより長く、健康的な生活を送ることができる世界の実現を目指す。

カリコに集まっているのは、医学、創薬、分子生物学、遺伝学、計算生物学の科学者たちだ。

創業者で、CEO（最高経営責任者）はアーサー・レビンソン氏。1995〜2009年まで米バイオベンチャーのジェネンテックのCEO（最高経営責任者）を務め、米アップル会長やグーグル取締役も経験した人物だ。米オバマ前大統領から国家技術革新勲章も授与されている。

最高科学責任者はデイビッド・ボットシュタイン氏。遺伝子工学の第一人者だ。遺伝子発現と、遺伝子相互作用のシステムレベルの調節の研究で実績を持つ。このほかにも、長寿遺伝子と神経細胞、生殖細胞などを研究する加齢の分子生物学の専門家などが参加している。

医薬品の開発にも乗り出す

カリコは、すでに加齢に伴う疾患を対象にした老化研究と治療にフォーカスした医薬品を開発するカリコ・ライフサイエンシーズを設立。19年1月には医薬品の開発責任者を任命したと発表した。老化や加齢に伴う病気の新しい治療法を研究しており、臨床試験に向けた準備を進めている。

18年にはカリコの科学者が、「動物の死亡リスクは年齢とともに指数関数的に増加する」というゴンペルツの法則に反する、長命のハダカデバネズミに関する研究論文を発表したことも注目を浴びた。ハダカデバネズミは、人や馬などと同じように加齢せず、加齢の兆候がほぼ全く見られないというものだ。

こうした研究成果を生かして、カリコは人間を不老不死に近づける治療法や医薬品を開発する。グーグルの世界最高レベルのコンピューター技術も活用することで、人類の永遠の夢を実現しようと研究開発を加速させている。

071

FiNCテクノロジーズ FiNC Technologies

ヘルステック ― 日本 ― 企業価値 356億円

パーソナルAIで予防医療を支援

2018年9月、55億円超の資金調達を実施したと発表したヘルステックベンチャーのFiNCテクノロジーズ(東京・千代田)。AI(人工知能)と予防医療にフォーカスしたスマートフォン向けアプリ「FiNC」を提供する。アプリのダウンロード数は530万回を突破しており、利用が広がっている。

専門家による監修を受けた健康・美容・フィットネス情報を動画や記事で提供。歩数の自動取得や自動カロリー計算など、ユーザーの入力負担を軽減するライフログ管理の機能もある。

さらにＡＩによるチャットで健康関連の悩みなどに対するアドバイスも与える。

「ミッション」というユーザーの悩みや年齢に対応したヘルスケアと美容に役立つプログラムも提供。健康と美容をサポートするサービスに力を入れている。

ＦｉＮＣのアプリは、「使い続けてもらう」ことを意識した豊富なコンテンツで、アクティブなユーザーを多数獲得していることが強みだ。

アクティブユーザーからは膨大なデータを取得している。ライフログデータは累計で23億件に達しており、遺伝子データも８万件に達するという。こうしたビッグデータは多くの企業にとり、商品開発やマーケティングに役立つため、高い価値を持つ。

30代以下の女性の支持を集める

利用者の比率は女性が83％を占め、とりわけ30代以下の若年層が多い。東京都、神奈川県、千葉県、埼玉県など首都圏のユーザーの比率が３割に達するものの、全国をカバーしている。

ＣＥＯ（最高経営責任者）は溝口勇児氏。高校時代からトレーナーとして活動し、フィットネスジムの経営に携わった後、12年４月にＦｉＮＣを創業した。

「テクノロジーによって、ユーザーの運動、栄養、休養に関する習慣を変えていくことが目標

だ」（溝口CEO）

そのビジネスモデルは原点となったフィットネスクラブに似ているという。フィットネスクラブでは、会員に対して、ウェアやサプリを販売したり、パーソナルトレーナーのサービスを提供したりしていたが、対象となる会員数が限られていた。だが、FiNCというヘルスケアのプラットフォームを使えば、より多くの人の健康に役立つサービスを提供できる。

具体的には、個人の食生活の改善を支援する「ダイエット家庭教師」や、ジムでのトレーニングとオンラインでの食生活サポートを提供する「プライベートジム」などを運営する。

豊富な資金も手にすることで、FiNCは巨大な健康プラットフォームとして進化を遂げようとしている。

072

推想科技 *Infervision*

医用画像のAI解析

中国

企業価値

―

医用画像のAI解析で、がんの誤診を激減

ＡＩ（人工知能）のディープラーニング（深層学習）技術を活用することで「がん」かどうかを瞬時に解析でき、誤診の確率を０・１％にまで下げられる――。

そんな画期的な技術を実用化したのが中国の医療関連ベンチャー、推想科技（インファービジョン）だ。ＡＩ医用画像診断システムを開発しており、医師が使うことで、がん診断の効率と正確性を飛躍的に高めることができるという。

例えば、以前は10分程度かかっていた医用画像の診断とレポート作成を5秒に短縮することが可能になったという。すでに中国で３００以上の医療機関が利用している。

肺がんの診断で利用が進む

現時点では肺がんの診断で利用が進んでいる。インファービジョンのシステムでは、ＡＩが医用画像を自動的に解析して、肺に異常がありそうな部分をチェック。その部分のサイズや位置などを表示する。医師はこのようなＡＩが異常を疑う画像の箇所を見てがんかどうかを診断する。医師の診断結果もシステムにフィードバックされるため、精度がどんどん高まっていく仕組みだ。

インファービジョンの創業は２０１５年。創業者でＣＥＯ（最高経営責任者）の陳寛氏が米シカゴ大学に留学していた頃に、ＡＩの深層学習を活用することで、医療用の画像診断を効率化できると考えたことが始まりだった。

米国留学を経験するなどした、若くて優秀なソフトウエア技術者を１００人規模で雇うことで、研究開発を加速。ＡＩを活用する医用画像の診断システムを実用化させた。

インファービジョンのシステムは日本の医療機関でも利用が始まっている。医療法人社団ＣＶＩＣ（東京・新宿）など複数の医療機関に導入されているという。インファービジョンは、日本以外にも、米国やドイツに拠点を設け、事業を拡大している。

医師が見逃しがちな小さながんも発見

ＡＩを活用したがんなどの画像診断は今後も世界的に広がっていく可能性が高い。肺がんの場合、医師の目では見逃しがちな６㎜以下の小さな「結節」を発見する能力に優れており、同様の技術は様々な画像診断に応用が可能だからだ。

インファービジョンによると、骨折や気胸、出血性脳卒中などの診断にも同社の技術を活用できるという。ＡＩと画像診断を組み合わせることで、新たな医療の可能性が広がろうとしている。

073

ヘルシーｉｏ *Healthy.io*

在宅尿検査 ― イスラエル ― 企業価値 ―

AIを使う在宅尿検査で、腎臓病を予防

米国の成人の3人に1人がさらされているという慢性腎臓病のリスク。診断に欠かせないのが尿検査だ。だが、日常的に検査を受けている人は3割に満たないという。

女性に多い尿路感染症も、尿検査によって発見が可能になる。妊娠中の女性にとっても尿検査は重要で、妊娠中に起こりうる合併症の早期発見に役立つ。

スマホのカメラと専用キットで手軽に検査

そんな尿検査を、スマートフォンに搭載されたカメラと専用キットを使って、自宅で可能にするサービスを提供するのが、イスラエルのベンチャー、ヘルシーｉｏだ。

使い方は簡単。コップに採取した尿に、同社が独自開発したスティックを入れる。するとスティックの表面にある10カ所の感応部の色が変化する。それをスマートフォンで撮影すると、

慢性腎臓病や、妊娠に関連した合併症のリスクが分かる仕組みだ。

尿検査の結果は、ユーザーかかりつけの病院に自動的に送ることができる。異常の有無を通院することなしに確認でき、アップデートされたデータは患者の電子医療カルテに記録される。

スマホに搭載するカメラの種類や、照明条件が異なるため、色の変化を正しく判定するハードルは高い。だが、ヘルシー・ｉｏは、ＡＩ（人工知能）を活用。コンピューターのビジョンアルゴリズムとキャリブレーション（調整）技術により、正確に判定できるという。

医療機関による検査と同等の精度の尿検査が可能で、米食品医薬品局（ＦＤＡ）の承認に加えて、すべてのＥＵ（欧州連合）加盟国の基準を満たしていることを示す「ＣＥマーク」も取得している。

ヘルシー・ｉｏ創業者でＣＥＯ（最高経営責任者）のジョナサン・アディリ氏は、14歳からイスラエルのオープン大学で学び、18歳で国際関係の学位を取得。その後、テルアビブ大学で政治学と法律学の修士号も取得した。

イスラエル大統領の初代ＣＴＯ

２００８～11年にかけて、イスラエルのシモン・ペレス大統領（当時）の下で、イスラエル大統領の初代CTO(最高技術責任者)を務めた。20代半ばにして、アディリ氏は、技術外交の戦略を立案。宇宙、農業、バイオテクノロジーなどの分野で、イスラエルからの技術輸出を増やすことに尽力した。

09年に、米サンフランシスコに本社を置く、カーシェアリングのベンチャー、ゲットアラウンドの創業に参加した後、13年にヘルシーioを創業した。早熟の天才は、テクノロジーで、医療分野に革新を起こそうとしている。

074

モデルナ・セラピューティクス *Moderna Therapeutics*

抗がん剤 ― 米国 ― 企業価値 72億ドル(約7920億円)

患者の体で生み出す〝がん治療薬〟

がんになって抗がん剤治療を始めたが、効果が少ない一方で、吐き気、食欲不振、手足のしびれ、脱毛などの副作用に苦しめられる。多くのがん患者がこうした悩みを抱えている。

理想的ながん治療法とはどのようなものなのか。がん細胞にピンポイントで働きかけて死滅させ、副作用は限りなく少ない治療法だ。そんな夢のような技術を開発しているのが、米ボストン近郊に本社を置くモデルナ・セラピューティクスだ。

モデルナは、DNA(遺伝子)から写し取られた遺伝子情報に従い、タンパク質を合成する「メッセンジャーRNA(mRNA)」を用いて、人間の細胞が体内で〝薬〟を生み出せるような技術を開発する。

がん細胞を破壊するタンパク質を人工的に作り出して、体内の必要な場所に届けることができる技術だ。がんをピンポイントで攻撃するため、従来の治療法と比べて高い効果が期待でき、副作用が少ない理想的ながん治療を実現できるという。

個々の人に適したオーダーメイドの治療薬を提供する。最初にがん患者の腫瘍の組織と血液から検体を取り出して、そのがんを発生させた変異は何かを、コンピューター技術で解析して発見する。

このデータから、腫瘍を攻撃するために効果がありそうな数十種類のタンパク質を予測。それをmRNAの薬に組み込む。製造プロセスの大半は自動化されており、人間はほとんど介在しないという。

2016年に、モデルナは、米医薬品大手のメルクと「個別化がんワクチン」の共同開発で提携し、2億ドル(約220億円)の前払い金を受け取った。両社は18年にも契約を更新するなど、実用化に向けた準備が進んでいる。臨床試験を重ねて、効果と安全性を検証する。モデルナは、英アストラゼネカともがん治療薬の開発で提携しており、医薬品業界で注目の的になっている。

感染症予防や血管疾患・腎臓疾患の治療にも

モデルナの創薬技術が活躍しそうな分野は、もちろんがん治療に限られない。ウイルス性、細菌性、寄生虫性の感染症の予防と治療のためのワクチン、血管疾患や腎臓疾患の治療薬でも製薬大手と提携している。モデルナによると、創薬関連で、現在20のプログラムが進んでいるという。

さらに米国防高等研究計画局（ＤＡＲＰＡ）も、感染症や生物兵器と戦うための創薬技術の研究開発のために、モデルナに２４６０万ドル（約27億円）相当の助成金を出している。

モデルナの技術は医療のあり方を抜本から変える可能性を秘める。

Retail/
Food Delivery/
Food

第 13 章 流通・食事宅配・食品

075

デリバルー Deliveroo

食事宅配

英国

企業価値 20億ドル（約2200億円）

欧州ナンバーワンの「フード宅配」

スマートフォンから注文すれば、30分以内にレストランから熱々の料理がやってくる——。そんな「出前サービス」で欧州ナンバーワンの地位に成長したのが英ロンドンに本社を置く、デリバルーだ。

スマホアプリやウェブサイト経由で、近所にある様々なレストランから食べ物を配達してもらえ、宅配時間の平均は30分以内と短い。注文を受けたレストランの付近にいる配達人が、自転車などを使って、配達する。レストランから手数料を受け取り、顧客からも配達手数料を受け取るビジネスモデルだ。

デリバルーは、２０１３年に台湾系の米国人ウィリアム・シュー氏が創業した。シュー氏は12年に米ノースウェスタン大学でＭＢＡ（経営学修士）を取得後、米投資銀行のモルガン・スタンレーのロンドンオフィスで働いていた当時、深夜まで働いている時に、食事の宅配サービスが少ないことに不満を持っていた。

そこでデリバルーを創業。瞬く間に口コミでビジネスが急拡大し、フランスのパリや、ドイツのベルリン、アイルランドのダブリンなどに進出。今では欧州を中心に、シンガポール、アラブ首長国連邦、香港など世界に広がり、14カ国の500以上の都市で事業を展開するようになっている。

サービスも進化させている。17年11月に、英国の顧客に対し、月額11・49ポンド（約1600円）を払うと、回数無制限で無料配達するサブスクリプションサービスを開始。ヘビーユーザーを囲い込むことによる、収益拡大を狙っている。

〝ゴーストレストラン〟の展開を後押し

従来の着席型レストランだけでなく、〝ゴーストレストラン〟の展開も後押しする。食事を宅配してほしいと考えている潜在的な顧客の需要

ロンドンの街を走り回るデリバルーの配達員

が高いものの、配達可能なレストランが少ないエリアにキッチンを設置。レストランに出店してもらい、メニュー管理と、スタッフの雇用を任せる。レストラン側からすれば、高い家賃を払って、広いスペースを借りる必要がなく、コストが安く抑えられる配達専門店は出店のハードルが下がる。

最大のライバルはライドシェアの米ウーバーテクノロジーズが展開する食事宅配サービスの「ウーバーイーツ」だ。デリバルーと同様の仕組みで、世界でサービスを拡大している。出前のイノベーターと、ライドシェアの巨人の競争は激化する一方だ。

076

上海拉扎斯信息科技

Ele.me

食事宅配 — **中国** — 企業価値 **60億ドル**（約6600億円）

中国発「出前サービス」のガリバー

「餓了麼（ウーラマ）」。中国語で「お腹空いた？」を意味する出前サービスが中国で人気になっている。中国インターネット大手のアリババ集団の子会社が運営している。

スマートフォンのアプリから、レストランと料理を選んで注文すると自宅や学校、オフィスなどに届けてくれる。スーパーやコンビニの商品、スターバックスなどのコーヒー、薬などに取扱商品を拡大し、「買い物代行サービス」として成長している。

２００９年、上海交通大学の修士課程で学んでいた張旭豪氏が創業した。当時の中国では料理の宅配サービスがほとんどなく、レストランで料理を注文して自分で持ち帰るスタイルだった。理系などの大学院で学ぶ多忙な大学院生にとり、レストランまで行って食事を買ってくるのは面倒だ。そこで、張氏は出前サービスを思いついた。大学院の友人たちにアイデアを伝えたところ、話が盛り上がって、起業することが決まった。

大学から広がった食事宅配サービス

ソフトウエア技術者もメンバーに加わり、インターネット経由で注文して、レストランの端末に送るシステムを開発。当初は、スマホがあまり普及しておらず、パソコンを持っている学生限定のサービスとして始まった。上海交通大学で評判になった出前サービスのうわさはほかの大学にも広がり、短期間に大学を中心にビジネスが拡大していった。

10年以降、スマホの普及は中国でも急加速。そんな中、張氏は上海拉扎斯信息科技を設立し、大学以外の一般向けの食事宅配サービスに打って出る。北京や蘇州、ハルビン、南京、深圳など、サービスを提供する都市を急速に増やしていった。

需要拡大の背中を押したのが中国における電子決済の普及。電子決済に対応することで、面倒なお金のやり取りが不要になったため、利用者が大幅に増えた。

ライバル企業を買収

アリババ集団から資金を調達し、17年にはライバルだった中国ネット検索大手の百度(バイドゥ)傘下の「百度外売」を買収。中国の出前サービス市場で半分を超えるシェアを握った。5000万人以上の月間アクティブユーザーを抱え、2000以上の都市で130万軒ものレストランをカバーする存在になった。

18年にアリババ集団の完全子会社になったウーラマは、新ビジネスへの挑戦を急ぐ。高齢者向けの食事宅配に加えて、18年には高齢者介護サービスにも進出。さらに上海では配達にドローンを使う実験に取り組む。配達ロボットの「万小餓(ワンシャオウー)」も開発している。

中国における出前サービスは、急成長した一方で競争も激しく、ウーラマは売上高こそ大きくなったものの、収益性には課題がある。巨大な胃袋を魅了するサービスを、利益に結びつけられるかどうかが問われている。

077

インスタカート *Instacart*

食料品買い物代行

米国

企業価値 76億ドル(約8360億円)

食料品の買い物代行サービス

米国で、高級スーパーのホールフーズを買収したアマゾン・ドット・コムとウォルマートが激しい競争を繰り広げる食料品のネット宅配。その間隙をぬって、存在感を高めている食料品の宅配サービスがある。

米シリコンバレーに本社を置くインスタカートだ。地域によるが、最短で注文から1時間で配達するというスピードを売り物にする。食品スーパーとして全米最大手のクローガーと提携。ほかにもコストコやウェグマンズなどの有力スーパーと提携している。

ホールフーズやウォルマート以外にも多数存在するスーパーから商品を購入したいと考える消費者は当然多い。このため多様なスーパーで、食料品の買い物を代行して届けてくれるインスタカートが支持を集めている。

インスタカートでは一般人が買い物を代行して自宅に届けてくれる

年間99ドル(約1万1000円)の会費を支払って、1回当たり35ドル以上の買い物をすれば、宅配料金は無料になる(ニューヨーク・マンハッタンの場合)。1回の買い物ごとに宅配料金を支払うこともできるが、2時間宅配で3・99ドルかかる。

一般人が空き時間に買い物を代行

インスタカートで買い物を代行するのは、自分の空き時間を使って働く「ショッパー(買い物代行者)」と呼ばれる一般人だ。顧客がスマホのアプリで注文すると、近くにいるショッパーがお店に行って買い物して、自家用車などで配達する。ソフトウエア技術を使って、ショッパーの最適なマッチングを実現することで、短時間の配達を実現する。

インスタカートは2012年、アマゾンの技術者だったアポルボ・メタ氏(現CEO=最高経営責任者)が創業した。当初はホールフーズの食料品の宅配で成長し、その後、提携先をほかの食品スーパーに順次拡大していった。

17年にホールフーズがアマゾンに買収されたことに伴い、インスタカートとの提携関係は解消されることになった。だが、「ホールフーズ以外の多くのスーパーと提携しているため、インスタカートの経営には問題がない」とメタ氏はコメントしている。

078

美団点評

口コミ投稿と出前サービス

Meituan-Dianping

中国

企業価値 348億ドル（約3兆8200億円）

14億人の胃袋狙うプラットフォーム

中国のインターネット企業として巨大な存在感を放っているのが美団点評だ。15年に中国最大の飲食店や生活関連の口コミ投稿サイト「大衆点評」と出前サービスの「美団」が合併し、美団点評が発足。2018年には自転車シェアリングの「モバイク」も買収し、ビジネスを拡大している。

主力はスマホアプリで注文できる出前サービス。「餓了麼（ウーラマ）」のライバルとなる。美団の出前サービスの18年の受注件数は前年比56％増の64億回に到達。早朝や深夜などの手薄だった時間帯の出前サービスを強化したことが成長を後押しする。

出前サービス部門の1日当たりの平均受注件数は2400万件、延べ利用者の数は3億人に到達。出店するレストランの数は360万店になっており、配送スタッフの数は50万人を超えている。

だが、業績には課題もある。18年12月期の売上高は前年同期比92％増の652億元（約

1兆800億円）。主力の出前サービスが8割以上の伸びを示したが、自転車シェアリングサービスの業績低迷が響き、赤字が大幅に拡大した。

美団は18年9月に香港証券取引所に株式を上場したが、業績への懸念もあり、その後の株価は低迷。19年3月時点の時価総額は348億ドル（約3兆8200億円）と上場時を大幅に下回る水準にある。

株式上場で得た資金をプロモーションに投入

それでも美団は株式上場で手にした資金を活かして、出前サービスを強化。大規模なプロモーションを展開し、レストランのバックヤードを含むデジタル化も支援する。

さらに飲食以外へのデリバリー事業の拡大も加速。とりわけ生鮮食品の配達に注力する方針で、注文すると30分以内に届くサービスを提供する。アパレル、生花などの配達にも力を入れていく。出前サービスのイメージが強い美団だが、すでに多様なサービス分野で事業を展開している。ホテル・宿泊などの旅行、美容室、映画や演劇などの予約が代表例だ。

不採算事業の効率化にメドをつけ、総合力を活かすことができれば、美団が、世界最大のフード・生活プラットフォームとして成長できる余地は大きい。

079

スナップディール Snapdeal

仮想商店街

インド

企業価値 65億ドル(約7150億円)

どん底から復活したインドの仮想商店街

インド最大級のオンラインショッピングモール(仮想商店街)「Snapdeal.com」を運営するのがスナップディールだ。インドのニューデリーに本社を置く。30万以上の売り手が6000万以上の商品を出品しており、インドの6000以上の都市や町でサービスを提供している。

2010年にクナル・バール氏(現CEO=最高経営責任者)とロヒット・バンサル氏(現COO=最高執行責任者)が共同でスナップディールを創業した。当初は割引クーポンを提供するサイトだったが、仮想商店街に事業をシフト。オンライン販売が初めての業者を教育するプログラムを作り、商品の梱包や、補充のタイミングを指南するなどして、出店する企業の数を増やした。

さらに共同購入サイトや、オンラインスポーツ用品小売り、手工芸品の仮想商店街サイト、商品比較サイトなどを相次いで買収して事業を拡大。スナップディールは短期間で同国最大のオンラインショッピングモールに成長した。

だが、16年、同社は経営危機に直面する。闇雲に買収する戦略で売上高は増加したものの、赤字が大幅に拡大。ライバルのインドのネット通販大手、フリップカートと合併する可能性も報じられた。17年には両社は合併する方向で動いていたが、スナップディールの株主の反対もあり、最終的に合併はとん挫する。

そんな中でバール氏とバンサル氏は、スナップディールの立て直しに奔走。「スナップディール2・0」という再建策を打ち出した。電子決済企業や物流企業など、非中核事業の売却を加速させ、人員削減にも踏み切った。

主力のオンラインショッピングモールに集中

一方で、主力のオンラインショッピングモール事業に経営資源を集中して、出店する店舗と商品の品ぞろえを強化。オフィスの壁に目標に対する進捗状況を張り出し、優秀な社員を表彰するなどして士気を高め、チームで変革に取り組んだ。

痛みを伴う改革は成果を生んだ。スナップディールの売上高は増加して、手数料収入も伸び、赤字だったキャッシュフローを黒字化させることに成功した。挫折を乗り越えることで、勢いを取り戻したスナップディールは反攻に出ようとしている。

080

アリアケジャパン Ariake Japan

調味料 日本 企業価値 2162億円

コンビニ・外食支える「食のインテル」

「アリアケジャパン」という企業名を消費者が目にすることは、ほとんどない。企業向けに、豚骨や鶏ガラ、牛骨などを原料とする畜産系の天然調味料を供給する黒子だからだ。まれに、小売りが販売するPB（プライベートブランド）食品の製造者として、小さく、その名前が記されているだけである。

だが、コンビニエンスストアの弁当や総菜、外食チェーンの中華や洋食、即席麺などの加工食品には欠かせない存在で、畜産系の天然調味料で約5割のシェアを握る。同社の製品なくして成り立たない企業は少なくなく、「食のインテル」の異名も持つ。

1966年に創業した同社は、2016年6月に会長から特別相談役に退いた岡田甲子男氏が一代で築き上げた。主要顧客には、コンビニ最大手のセブン&アイ・ホールディングスや外食大手のリンガーハット、食品大手の日清食品ホールディングスなどがずらりと並ぶ。著名シェフ、ジョエル・ロブションのレストランでも同社のブイヨンが使われている。売り上げ構成比は外食向けが4割、コンビニなど中食向けが3割強、加工食品向けが3割弱だ。

無人化と味の再現

強みは、生産体制とマーケティングだ。天然調味料はコンピューター制御でほぼ全自動で生産されている。顧客が求める味のデータをコンピューターに入力すれば、鶏ガラや野菜などの原材料が投入されたタンクからスープのエキスが抽出される仕組みだ。

創業当時の生産現場は、人手を使って巨大な鍋に原材料を入れ、グツグツと何時間も煮詰めていくという過酷な3K(きつい、汚い、危険)の職場だった。徐々に自動化を進めてきたものの、「このままでは持たない」(岡田氏)と、約20年前に生産プロセスの完全無人化を決断。売上高100億円ほどの会社が100億円規模の金額を最新鋭の工場に投じた。無謀と思われた独自設計・開発した設備への投資が、現在の高い生産効率と参入障壁につながった。

外食業界などで人手不足が深刻となり、店舗の厨房やセントラルキッチンで作っていたスープをアリアケに委託する動きが加速している。同社ほど高品質の製品を安定供給できる競合はなく、外食などの頼みの綱となっている。

この生産体制の強さに、顧客志向の開発・営業体制がかみ合う。岡田氏は、「どんなスープの味でも再現できる」と豪語する。味覚の5大要素であるうま味、甘味、苦味、酸味、塩味を数値化し、過去の膨大なデータベースを基に顧客の要望に応じた味を作り出す。その組み合わせはほぼ無限に広がる。

外食産業はコンビニ弁当などの中食の台頭や人手不足で逆風が吹いている。コンビニも国内5万店を超えて飽和状態が近づいている。しかし、岡田氏は、「企業は苦しくなるほど仕入れの改善や効率化に動く。そうなれば、我々の出番はさらに増える」と見る。

（日経ビジネス2017年7月3日号の記事を再編集しました）

081

カルマ *Karma*

食品販売アプリ

スウェーデン ― 企業価値 ―

ムダな食品廃棄を減らすスマホアプリ

世界で食べられずに廃棄される食品は膨大な量に及ぶ。世界で生産される食料の3分の1に当たる毎年13億トンがムダになっているとされる。食品廃棄物からの年間CO_2排出量は300万台の自動車に相当し、生ごみは年間1兆ドル（約110兆円）の経済損失に相当する。

社会問題になっている「フードロス」と戦うベンチャーがスウェーデンのカルマだ。カルマとは「業」や「報い」を意味する言葉。まさに食品の廃棄により、人間が受ける報いを減らすことを目的としている。

カルマが提供するのは、スマートフォンのアプリを使って、レストランやカフェ、食料品店が、余った食べ物を半額でユーザーに販売するプラットフォームだ。

売れ残った食べ物や消費期限が近い食べ物の写真と価格などを入力してアップロードして、アプリで一般消費者に販売する。新規のアイテムを作成してアップロードするには3分、すでに登録済みのアイテムを再販売するには15秒で済むという。

店舗も消費者も喜ぶサービス

店舗側からすると、消費期限が近づいて、売り切ることが難しい食料品を処分するチャンスが得られ、消費者にとっては食品を安く入手できる。結果的に、フードロスの削減に貢献できるという仕組みだ。

カルマで余った食べ物を販売する飲食店や食料品店が増えている

カルマのサービスは欧州で拡大している。フランスのパリ、英国のロンドン、スウェーデンの150都市で利用できるようになっており、小売業者や飲食店を中心に約2000の業者が参加。アプリを利用するユーザーの数は50万人に達する。

その成長力に期待する投資家も現れた。18年8月、カルマは、米VC（ベンチャーキャピタル）やスウェーデンの家電メーカーのエレクトロラックスなどから1200万ドル（約12億円）の資金を調達した。

世界的にフードロスが問題になる中、売り手と消費者の双方にメリットを提供するカルマの存在意義は高まっている。

082

ウミトロン Umitron

養殖技術 — 日本 — 企業価値 —

ITで持続可能な水産養殖を実現

「水産養殖をコンピューター化することで、持続可能な食糧生産を可能にする」。そんなビジョンを掲げるのがシンガポールと東京に拠点をおくベンチャーのウミトロン（東京・港）だ。

世界的な人口の増加と新興国を中心とする経済発展が続く中で、動物性タンパク質の需要は急拡大している。土地が限られる陸上での肉類の生産拡大にはハードルがある一方で、成長が続いているのが海を活用した魚類などの人工養殖だ。「すし」の人気は欧米やアジアでも高まっており、魚の需要は拡大する一方。安定的な生産を実現できる手段として、養殖への関心が高まっている。

だが、海上での養殖は、陸上と比べて、データの収集が難しく、新しいテクノロジーの活用に時間がかかっている。

そこでウミトロンは、センサーなどのＩｏＴ（モノのインターネット）技術や人工衛星から得られるデータを活用。飼育環境を「見える化」することでエサやりや成育を効率化する技術を開発し、水産養殖業の生産効率を高めようとしている。

養殖業のコストの半分以上を占めるエサ代を削減

例えば、魚群解析によるエサやりの最適化サービス。２０１９年から、愛

愛媛県愛南町で水産養殖現場への設置を開始したスマート給餌機「UMITRON CELL」

媛県愛南町の養殖場にスマート給餌機「ウミトロンセル」を設置し、スマートフォン経由で、遠隔からのエサやり実験に取り組んでいる。

遠隔管理により、現場での作業を軽減し、天候不良などの危険な環境下での洋上作業の短縮につなげる。また海中の魚がどの程度エサを食べているのかも確認できるためにムダなエサを与えることも減らせるという。養殖業のコストの半分以上をエサ代が占めるとされる中で、コスト削減につながる。

ウミトロンは、日本だけでなく、アジアでも需要があると考えており、インドネシアのエビ養殖業などでも、実証実験に取り組んだ。グローバル展開を視野に、シンガポールにも拠点をおいている。

18年の76億人から50年に97億人にまで増えるとみられる世界人口。水産養殖の市場も大幅に拡大する可能性がある。テクノロジーを活用することで、養殖業の生産性を向上させることができれば、ウミトロンのビジネスチャンスは広がりそうだ。

Computer/
Artificial Intelligence

第 14 章　コンピューター・AI

083

アフェクティバ Affectiva

感情認識AI

米国

企業価値 ―

人間の感情を認識する「空気を読むAI」

怒り、悲しみ、喜び……。人間の表情の変化を捉えて感情を分析するAI（人工知能）が注目を集めている。開発したのは米マサチューセッツ工科大学（MIT）発のベンチャー、アフェクティバだ。

感情を認識するAIはどのような場面で役立つのか。アフェクティバが力を入れているのが自動車分野だ。交通安全に役立つドライバーの状態を監視するAIを開発。顔と声からリアルタイムで、クルマの運転者の複雑で微妙な感情と認知状態を識別する。このAIを使えば、自動車メーカーや部品メーカーが、運転者の監視システムを構築することができるという。

完全自動ではない自動運転車では、人間による運転と自動運転を切り替えるケースが頻繁に発生する。その際に人間の感情と認知状態をAIが把握することが、安全運転のカギになるという。

車内カメラとマイクを利用することで、アフェクティバのＡＩは、人間の喜びや怒り、驚きなどの表情に加えて、声のトーン、テンポ、大きさなどを分析して、どのような状態にあるのかを識別する。例えば、眠気を判断する際には、目を閉じているか、あくびをしているか、まばたきの頻度が増えていないかなどを検知する。

こうしたデータはクラウドに送って解析するのではなく、その場で処理するため、迅速な情報分析が可能になるという。

世界87カ国で650万人の顔を解析

アフェクティバは感情認識ＡＩを開発するために、世界87カ国で、６５０万人の顔の表情の動画を解析したという。幅広い年齢層や、民族、性別に対応する膨大なデータを基盤にすることで、感情認識の高い精度を実現する。

「アフデックス（Affdex）」という映像や広告、テレビ番組に対する消費者の感情的な反応を測定するＡＩも開発している。動画広告などのデジタルコンテンツと、消費者の感情を分析することで、より効果的な広告を作成し、購買行動につなげることが可能になるという。

例えば、テレビ局では、米CBSがアフェクティバのAIを利用。ウェブカメラを介して、200人以上の視聴者の表情の変化を集めて、60分間のテレビドラマに対する感情的な反応を分析した。インパクトの大きなシーンを識別し、テレビのプロモーションに利用する。視聴者の感情に訴えかけ、面白いと感じてもらえるようなコンテンツの作成に役立ちそうだ。

ビデオ広告ネットワークのイーバジング（eBuzzing）は、どのコンテンツが視聴者の最も強い感情的な反応につながったのかを特定するために、アフェクティバのAIを活用。ユーチューブの40の動画広告に対する、2600人の視聴者の顔の表情の反応をカメラで集めて、感情的な反応とSNS（交流サイト）における共有との関係を分析した。

感情的な広告は共有される可能性が4倍高くなる

この結果、「感情的な広告はそうでないものよりも共有される可能性が4倍高くなる」「人間を笑顔にする動画広告は、そうでないものよりもユーチューブで1000万回以上の再生につながる可能性が5倍高い」などの傾向が明らかになった。

人間の感情を「読める」AIは、自動運転技術の開発だけはなく、企業のマーケティング戦略にも役立ちそうだ。

084

Dウエーブ・システムズ D-Wave Systems

量子コンピューター ― カナダ ― 企業価値 ―

量子コンピューターで常識を破壊

2019年、カナダのベンチャー企業、Dウエーブ・システムズの量子コンピューターが日本に初上陸する。

東京工業大学と東北大学が共同研究センターを作る。複数の民間企業が参加し、利用料金を負担する見込みだ。これまでは北米に設置した機械を、クラウド経由で利用していた。日本企業が量子コンピューターをフル活用する時代が、ついに始まることになる。

それに先立つ18年、量子コンピューターは大きな転換点を迎えた。「過去数カ月でソフトウエアが目覚ましく進歩した。18年中には約束通り〝量子超越性〟を実現できるだろう。私は極めて楽観的だ」。米グーグルで13年から「量子人工知能研究所」を率いる研究者、ハルトムート・ネヴェン氏はそう語った。

その言葉を信じるなら、スーパーコンピューターが今後どれだけ進化しても決して到達できない性能を、グーグルは手に入れる。これが「量子超越性」の意味だ。スパコンが数百年かかっても解けない問題が、一瞬で解けるようになる。まさに〝神の領域〟に足を踏み入れる。

量子コンピューターは、ミクロの世界で働く物理法則「量子力学」を使って計算する機械だ。「0」と「1」の両方が同時に存在する「量子ビット」を利用して膨大な数の計算をこなす。量子ビットを増やすと計算能力は指数関数的に伸びる。9量子ビットなら512通り（2の9乗）、20量子ビットなら約100万通り（2の20乗）の計算が瞬時に完了する。

専門家の間では量子ビットが「50」を超えると、量子超越性に達するとされてきた。グーグルが18年3月に発表した量子プロセッサー「ブリストルコーン」の量子ビットの数は72個。ネヴェン氏は様々な実験を通じ、超越性を実証してみせると語る。

量子コンピューターは長らく「夢の技術」だった。可能性は1981年に予言されていたが、現実世界で量子ビットを増やす方法が見つからなかったからだ。量子ビットはエラーが発生しやすいため、正しい計算結果を導くには数百万個の量子ビットが不可欠とされていた。数十年の開発期間と兆円単位の費用が必要といわれ、実用化は早くとも2050

Dウエーブの量子コンピューターと半導体回路

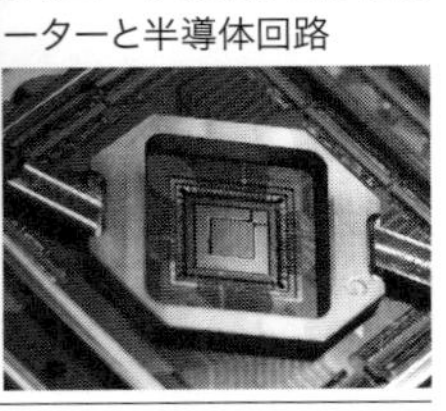

年代というのが通説だった。

その常識を覆したのがDウエーブだった。11年、従来とは異なる発想の量子コンピューターを世界で初めて商用化した。15年に検証された処理速度はパソコンのおよそ1億倍。光速（時速10億8000万km）と人間のランニング（時速10km）ほどの違いがある。一方で消費電力は15キロワット（kW）で、世界最高速のスパコン「サミット」の約500分の1にすぎない。

19年2月、Dウエーブは、量子コンピューターの次世代機の仕様を公開した。量子ビットの数を2000個から5000個以上に増やし、量子ビット間の結合数も6個から15個以上に増やす。計算能力は大幅に高まることが期待されている。

（日経ビジネス　2018年7月16日号の記事を再編集・加筆しました）

085

マジック・リープ *Magic Leap*

ウェアラブル・コンピューター

米国

企業価値　63億ドル（約6930億円）

秘密のベールを脱いだ複合現実のイノベーター

商品を発売していないのにもかかわらず、23億ドル（約2600億円）以上の資金を調達した複合現実（ＭＲ）ベンチャーが米フロリダ州に本社を置くマジック・リープだ。２０１０年の設立で、話題ばかり先行する一方で、商品開発に時間がかかっていた。

そんな同社がついにヘッドマウントディスプレー（ＨＭＤ）方式の複合現実ウェアラブル・コンピューター「マジック・リープ・ワン」を発売したのは18年8月。「前評判が高かっただけに期待したほどではない」という声も一部にはあるが、２２９５ドル（約26万円）を支払い、製品版を手にしたユーザーの間では、肯定的な意見が目立つようになっている。

「まるで異世界に自分がいるみたい」

「まるで異世界に自分自身が本当にいるみたいだ」。マジック・リープの端末で、ＭＲゲームを体験すると圧倒的な没入感があるとの評価も聞こえてくる。

例えば、映画『スター・ウォーズ／最後のジェダイ』に登場したキャ

マジック・リープ・ワンを装着すると現実空間が異世界に変わる（上はゲーム映像のイメージ）

ラクターが、本当に存在するかのように目の前を動き回り、喜んだりする。自分がその世界の一部になったかのような没入感を得られる体験ができるという。

とりわけ仮想現実（VR）やMRのコンテンツ開発者からは、前向きな評価が聞こえてくる。「端末の処理能力が高く、コンテンツ制作の自由度が高い」からだ。マジック・リープ・ワンと競合するマイクロソフトの「ホロレンズ」では、ハードの制約から、3D（3次元）モデルのポリゴン数や、データ量を減らしたりする必要があったコンテンツでも、マジック・リープの端末ではそのまま実行できるという。

複合現実は、ゲームに限らず、ビジネスの世界でも巨大な可能性を秘めている。製造現場で働くための研修を遠隔地にいても現場にいるかのように体験したり、開発段階で実物がないクルマをまるで実際に目の前に存在するかのように仮想的に出現させたりして、デザインを評価することができるからだ。

マイクロソフトのホロレンズは、すでに製造業などのビジネス分野で使われ始めていたが、さらに高い性能を実現できそうなマジック・リープが製品を投入することで市場は盛り上がりそうだ。胡蝶（こちょう）の夢のように、現実と仮想空間の境目が消える世界の到来が近づこうとしている。

086

曠視科技 Megvii

顔認証技術

中国

企業価値 35億ドル（約3850億円）

双子も見分けられる顔認証技術の雄

「双子の兄弟でも顔の違いを正確に見分けることができる」。そんなＡＩ（人工知能）を使った高度な顔認証技術を持つベンチャーが中国の曠視科技（メグビー）だ。

メグビーが開発した「Ｆａｃｅ＋＋」という技術は、中国のＩＴ大手が続々と採用している。例えば、中国のアリババ集団の金融子会社のアントフィナンシャルがスマホ決済の「アリペイ」で採用。中国の配車サービス大手の滴滴出行も、ドライバーの本人確認に利用するなど、技術力が高く評価されている。

メグビーが顔認証の技術力を向上させる後押しをしたのが、中国政府だ。中国政府は全土に張り巡らされた1億7000万台以上とされる監視カメラの映像を分析することで、個人の行動を監視している。

中国の警察に当たる公安は、メグビーの顔認証技術をパトカーに搭載。カメラに映る個人の顔をＡＩが解析することで、半径60ｍの範囲にいる犯罪容疑者を自動的に見つけることを可能にしているという。

もちろん顔認証技術による個人の監視は、米国や西欧、日本などの先進国では抵抗感を持つ人も多いが、中国では合法だ。メグビーは政府のお墨付きを得て、大量の個人情報をＡＩを使って解析することで顔認証の技術を磨いてきた。

顔認証の市場は今後も拡大が見込まれている。セキュリティーや決済などの分野では、顔認証技術は急速に普及。出退管理、入出国、スマートフォンへのアクセスなど市場は広がる一方だ。

ＡＩロボットや物流システムに投資

２０１９年1月、メグビーはＡＩロボットや物流システムなどの開発のために約3億ドル（約３３０億円）を投資すると発表。すでにロボットベンチャーの買収も進めている。

メグビーは11年、中国の清華大学出身で、ＣＥＯ（最高経営責任者）の印奇氏とＣＴＯ（最高技術責任者）の唐文斌氏らが立ち上げた。当初は大学のコンテストのために、顔認証技術を取り入れたゲームを開発。そのゲームをヒットさせて、資金調達にも成功し、顔認証ＡＩの技術開発を本格化させた。

14年には世界的な顔認証技術の評価システムのテストで、メグビーのＡＩが世界トップの認識精度を実現。瞬く間に世界で知られるようになる。目、鼻、口といった少ない数の特徴点だけでなく、83もの特徴を解析することで正確な顔認識を実現する。

中国政府の支援を追い風に、メグビーは世界の顔認識ＡＩのトップランナーとして躍進している。

087

光禾感知科技

コンピュータービジョン

Osense Technology

台湾

企業価値

―

スマホカメラの画像から位置を特定

スマートフォンのカメラを使って、ＧＰＳ信号がなくても、屋内で自分の位置を特定し、ＳＣ（ショッピングセンター）、ターミナル駅、空港などの施設で、リアルタイムのナビゲーションを可能にする――。そんな技術で脚光を浴びている台湾のベンチャーが光禾感知科技だ。

同社の屋内位置情報技術「ＶＢＩＰ」の特徴は、ＡＩ（人工知能）とクラウドコンピューティングを使って、空間を認識・把握できることにある。Ｗｉ‐Ｆｉ機器やブルートゥースのビーコンは不要だ。

光禾感知科技の強みは、「コンピュータービジョン」という、コンピューターにデジタルの画像や動画が何であるかを理解させる技術にある。カメラで撮影した動画像を、画像処理や空間位置アルゴリズム、ＡＩの機械学習アルゴリズムなどの技術を使って解析する。人間が周囲の環境を視覚認識する仕組みを模倣したような技術だ。

タイで屋内ナビを導入

すでに屋内ナビゲーションでは、タイの交通システムであるＢＴＳ（バンコク・マス・トランジット・システム）と協力して、バンコクの36の駅で駅内ナビゲーションとＡＲ（拡張現実）広告の機能を提供しているという。

光禾感知科技は、日本でもＶＢＩＰジャパン（東京・中央）という会社を設立し市場を開拓している。

狙うのは、屋内ナビゲーションでは、東京駅、新宿駅、渋谷駅のような巨大駅や、成田空港や羽田空港などの大型空港、東京ビッグサイト、幕張メッセなどの展示会場、東京五輪会場の屋内誘導などだ。建築工程の管理や、建築現場や内装現場の可視化による工程管理の効率向上などでの利用も視野に入れる。

088

パランティア・テクノロジーズ *Palantir Technologies*

ビッグデータ解析 ― 米国 ― 企業価値 410億ドル（約4兆5000億円）

CIAも頼るビッグデータ解析の巨人

米国の中央情報局（CIA）、連邦捜査局（FBI）、証券取引委員会（SEC）から空軍、海兵隊までが頼る謎多きビッグデータ解析ベンチャー。

それが米シリコンバレーに本社を置く、パランティア・テクノロジーズだ。「パランティア」とは、トールキンの『指輪物語』に登場する何でも見通すことができる水晶玉のことだ。2001年9月11日の同時多発テロの首謀者で、10年間にわたり逃亡を続けていたウサマ・ビンラディンの捜索にも貢献したと噂されている。

パランティアの強みは、メールや文書、画像、音声、動画などの非構造化データを統合・分析できる「ゴッサム」というソフトウエアにある。従来は、高い専門性を持つ多くの人間と、膨大な手間と時間がかかっていた膨大なデータの分析を、比較的簡単に実行できる。

エクセルなどのファイルに収納された構造化データと違い、解析が難しいデータでも解析できるのは、「ダイナミック・オントロジー」という情報の定義を柔軟に変える技術を使っているからだ。

例えば、「部長」「社長」といった言葉は、一般的な名詞であるのと同時に、その役職に付いている特定の人物を指す場合がある。「地名」も、ある企業の本社や特定の人物を意味することが少なくない。

ゴッサムではこうした用語の定義を簡単に変更でき、利用者が知りたい情報を短時間で集めて解析できる。以前なら何年もかかったようなデータ解析を数週間で終わらせることも可能だという。

ペイパル創業者と哲学研究者がタッグ

パランティアは03年、米インターネット決済大手ペイパルの創業者だったピーター・ティール氏らが創業した。きっかけは01年の同時多発テロ。ペイパルのネット決済の不正送金の検知システムに使っていたソフトウエア技術を、テロ組織に資金が流れることを防ぐために利用しようと考えた。

ティール氏の米スタンフォード大学時代の友人だった哲学研究者のアレックス・カープ氏をCEO（最高経営責任者）に招き、共同で創業。当初は資金集めに苦労したものの、CIAのベンチャーキャピタルと、ティール氏自身が率いるベンチャーキャピタルから資金を調達し、事業を本格化させた。

２００９年に中国を拠点とするサイバースパイネットワークの「ゴーストネット」の調査で、パランティアのソフトウエア技術が活躍し、注目を浴びるようになる。インターネットの普及を背景にしたサイバー戦争やサイバー捜査の重要性を認識した米政府の様々な機関に加えて、民間企業の顧客も獲得するようになった。

金融から医薬品、航空機にまで顧客が拡大

金融情報大手の米トムソン・ロイターやドイツの医薬品大手のメルクと提携。ＥＵ（欧州連合）の航空機メーカー、エアバスも顧客になっている。パランティアの不正検知などのノウハウは世界的な企業に高く評価されている。

18年秋には「パランティアが19年に新規株式公開を予定している」と米メディアが報じた。それまで２００億ドル（約２兆２０００億円）とされてきた評価額は、公開時期によっては、最大４１０億ドル（約４兆５０００億円）に達する可能性があるという。秘密主義で知られたデータ解析の巨人は、いよいよベールを脱ごうとしている。

089 QCウェア QC Ware

量子コンピューター向けソフトウエア

米国

企業価値 ―

量子コンピューター向けソフトの新鋭

ＩＴの世界を劇的に変えることが期待される「量子コンピューター」向けのソフトウエアを開発するのが米シリコンバレーに本社を置くベンチャー、ＱＣウェアだ。

量子コンピューターは、現在主流の「１」「０」のデジタル方式のコンピューターとは根本的に発想が異なる。詳細は量子コンピューターメーカーのＤウエーブ・システムズの記事に譲るが、「量子ゲート方式」や「量子アニーリング方式」など異なる方式のハードウエアもある。

量子コンピューターを利用する際もソフトが必要になるのは当然だ。そこにＱＣウェアは目を付けた。多くのソフト技術者が使っているのは「Ｐｙｔｈｏｎ」「Ｊａｖａ」「Ｃ＋＋」などのプログラミング言語だ。なじみのあるプログラミング言語で、量子コンピューター向けソフトを開発できるツールをＱＣウェアは開発している。

ＱＣウェアは、２０１４年、米空軍のコンピューター技術者だったマット・ジョンソン氏が創業した。ジョンソン氏は、除隊後に、ペンシルバニア大学ウォートン校でＭＢＡ（経営学修士）

を取得。起業を考えていた際に薦められたのが、量子コンピューター分野だったという。

折しも、13年に米航空宇宙局（ＮＡＳＡ）とグーグルが、「量子人工知能研究所」を設立。量子コンピューティングに役立ちそうなＡＩ（人工知能）などのソフト技術を研究しようとしていたが、協力できそうなソフト会社がほとんど存在しなかった。

NASAからIBM、エアバスに顧客を広げる

そこでジョンソン氏は量子アルゴリズムや量子工学などの専門家を集めて量子コンピューター向けのソフト会社としてＱＣウェアを創業。当初はＮＡＳＡや米大学宇宙研究協会（ＵＳＲＡ）が中心顧客だったが、米国立科学財団（ＮＳＦ）、Ｄウエーブ、米ＩＢＭや米投資銀行のゴールドマン・サックスなどにパートナーが広がり、ＥＵ（欧州連合）の航空機大手のエアバスが出資するなどしている。

量子コンピューティングをビジネスの世界で広げることを視野に、米空軍研究所、ＩＢＭ、マイクロソフト、グーグルがスポンサーになったコンファレンスを開催。仲間づくりを進めて、量子コンピューティングの世界を広げようとしている。

Space Development

第 15 章　宇宙開発

090

ブルー・オリジン *Blue Origin*

宇宙開発 ― 米国 ― 企業価値 ―

巨大ロケットで月を目指すアマゾンCEO

どうして稀代のベンチャー経営者は宇宙を目指すのか。米アマゾン・ドット・コムのCEO（最高経営責任者）であるジェフ・ベゾス氏も、宇宙ロケットの開発に力を入れる。ブルー・オリジンというベンチャーを、私財を投じて起業。宇宙旅行サービスから衛星打ち上げ、さらに月着陸まで視野に入れている。

「スペース・コロニーを建設して、宇宙植民を実現させたい」。2019年5月、ベゾス氏は記者会見を開いて、こう強調した。開発中の月着陸船「ブルー・ムーン」の模型を公開。宇宙飛行士だけでなく、一度に最大4台の月面探査車を送ることができる。6・5トンという大量の貨物も運搬できる性能がある。

トランプ大統領が発表した「24年までに米国の宇宙飛行士を再び月に送る」というプロジェ

クト。そこで使われる宇宙船の候補にブルー・ムーンは名乗りを上げた。

ベゾス氏は段階を着実に踏んで宇宙開発を高度化させている。

まず最初のステップが、大気圏外の宇宙空間を短時間飛行する宇宙旅行サービスの実現だ。そのために開発したロケットが「ニューシェパード」。6人用の宇宙カプセルを搭載して宇宙空間に送り、宇宙空間で11分の飛行を楽しめるサービスを実現する。

宇宙カプセルだけではなく、ロケット本体も地上に帰還させて再利用。打ち上げコストを低減し、宇宙旅行を安価にすることを目指す。再利用したロケットの打ち上げ実験を連続で成功させており、安全性を高めて、早ければ19年中にも有人飛行の実現を目指す。

人工衛星打ち上げサービスにも乗り出す

次のステップが、大型宇宙ロケットの「ニューグレン」を使った人工衛星打ち上げサービス。直径7m、全長82mの2段式ロケットで、打ち上げ能力は45トンと大きく、人工衛星の打ち上げに適している。20年ま

ジェフ・ベゾス氏と宇宙ロケット「ニューシェパード」（写真＝Blue Origin）

でに最初の打ち上げを目指しているが、すでに複数の企業から通信衛星などの打ち上げを受注している。

ニューグレンも高価な1段目のロケットを、最大100回程度は再利用できるように設計されている。この前提に立つと打ち上げコストを引き下げることができ、価格競争力は高い。ニューシェパードの実験を連続で成功させていることも、受注活動を後押しする。

ブルー・オリジンは、世界最大級の3段式タイプのニューグレンも開発中で、月や火星などに探査機を送り込む能力を持つ。月探査船も開発することで、ベゾス氏は、小売りだけでなく、宇宙の新時代も切り開こうとしている。

091

インフォステラ Infostellar

衛星アンテナシェアリング

日本

企業価値 28億円

人工衛星用の地上アンテナをシェアリング

米国のスペースXやブルー・オリジンの再利用可能な宇宙ロケット技術が脚光を浴び、人工衛星の打ち上げコストが劇的に下がることが期待される中、課題も浮上している。宇宙と地上の間の通信キャパシティーが小さいことだ。

打ち上げコストが安価になったことを受けて、高度400km～1000kmの低軌道を周回する小型の人工衛星が増加することが見込まれる。

だが、こうした人工衛星と通信する多くの地上アンテナは利用されていない時間帯が多い。自分たちの衛星が、自前で保有するアンテナの上空を飛んでいる間しか使わないからだ。

そこに目を付けたのがインフォステラ(東京・渋谷)だ。様々な企業や大学などの組織が持つ多数の地上アンテナを共有。宇宙と地上の間で効率的に通信するためのプラットフォームを構築することを目指している。

宇宙と地上の通信コストを引き下げる

宇宙と地上の通信コストを引き下げることができれば、ベンチャーのビジネスチャンスは飛躍的に拡大し、宇宙産業の成長を加速できるからだ。

インフォステラを創業したのはCEO(最高経営責任者)の倉原直美氏。九州工業大学大学院で人工衛星の環境計測装置を研究して、2010年に博士号を取得した。研究者として国際プロジェクトに参加する中で、世界各地の大学が保有するアンテナを共有するネットワークを作る取り組みに参加したことが倉原氏の起業の原点となった。

その後、東京大学の特任研究員となり、小型衛星の地上システムの開発を担当。13年に衛星地上システムを手がける米インテグラル・システムズの日本法人に就職した。

エアバスやソニーのベンチャーファンドから資金調達

倉原氏は同社に就職してからも、世界中の地上アンテナをシェアするアイデアをずっと温めていた。そして15年にIT企業などで働いた経験を持つ石亀一郎COO(最高執行責任者)と出会い、16年にインフォステラを創業する。

17年には欧州の航空宇宙大手のエアバスやソニーのベンチャーファンドから総額8億円を調達し、事業展開を本格化させた。

世界的な企業に認められたことはもちろん追い風になるが、インフォステラが事業を成功させるハードルは低くない。世界中の企業や組織に声をかけて、地上アンテナの共有に協力してくれる仲間を見つけるのは、手間がかかるからだ。

それでも、宇宙ビジネスの新時代が幕を開こうとする中で、インフォステラのアイデアは大きな可能性を秘めている。

092

オービタル・インサイト Orbital Insight

衛星画像解析　米国　企業価値 ―

宇宙から原油貯蔵量や店舗売上高を解析

人工衛星が撮影した地上の画像をAI（人工知能）の機械学習を使って解析することで、様々な経済活動を詳細に把握できる――。そんな技術で台頭しているのが、米シリコンバレーのベンチャー、オービタル・インサイトだ。

その情報解析能力は驚異的だ。例えば、世界最大の産油国、サウジアラビアの原油貯蔵量の実態を明らかにした。2017年11月、同国政府が発表している貯蔵量よりも、実際ははるかに多いことを暴く記事を英フィナンシャル・タイムズ（FT）が掲載した。

記事の根拠となる情報を提供したのが、オービタル・インサイトだ。人工衛星が撮影した、世界中にある2万4000個以上の原油タンクの「浮き屋根」の画像をAIで解析。原油タンクの屋根は固定式ではなく、原油の上に浮いている。そのため原油タンクを上から観察すると、石油タンクの壁面の影の大きさから浮き屋根の高さが分かり、原油タンクの残量が分かる。

同社は原油タンクの影の大きさなどから残量を割り出す画像解析エンジンを機械学習ベース

で開発。原油タンクの残量を月次や週次といった高頻度で割り出している。この解析技術により、サウジアラビアの原油貯蔵量が政府発表と乖離していることを突き止めたのだ。

スーパーの来店客数や農産物の生育状況も解析

オービタル・インサイトが、衛星写真を解析することで得られる情報は多岐にわたる。例えば、ショッピングセンター（SC）やスーパーの来店客数。駐車場に止まっているクルマの台数などを解析して、来店客数を予測する。全米の26万店舗の小売店と5600カ所のSCの駐車場を定点観測しているという。このほかにも、住宅の着工件数や、農作物の生育状況など、多様なデータを解析している。

こうした情報は投資家にとって有益だ。小売企業や政府機関がデータを集計して公式発表する前に経済動向が把握できれば、先回りして投資判断することが可能になる。実際にヘッジファンドなどがオービタル・インサイトの顧客になっているという。

18年に日本進出も果たしたオービタル・インサイト。天空から地上の経済活動を解析する〝神の眼〟は、投資の常識も変えようとしている。

（2017年11月25日付の日経ビジネスオンライン（現電子版）の記事を再編集しました）

093

スペースBD Space BD

宇宙商社

日本

企業価値 —

宇宙ビジネスを支える「宇宙商社」

2018年、宇宙航空研究開発機構(JAXA)が民間開放することを決めた、国際宇宙ステーション(ISS)から超小型衛星を放出する事業。三井物産に加えて、スタートアップのスペースBDが、事業の担い手に選ばれた。

JAXAが民間企業に移管するのは、地上から約400kmを周回するISS「きぼう」日本実験棟から超小型衛星を放出する事業。インフラや農作物の監視、通信など超小型衛星の用途が広がる中で、今後の需要拡大が期待されている事業だ。

ISSからの超小型衛星の放出は米スタートアップが米航空宇宙局(NASA)を通じて手掛けており、180基の実績がある。日本はこれまでにJAXAが28基を放出したが、民間企業に任せることで最大7600万円かかっていた放出費用を抑制。新需要を創出することを狙う。

スペースBDの設立は17年9月で、フルタイムの従業員は4人と小所帯だ。社長の永崎将利氏は三井物産出身だが、関わっていたのは鉄鋼製品の貿易や資源開発と、宇宙とは畑違いの仕事。「自分が意思決定して仕事をしたい」と14年9月に教育事業を手掛ける会社を設立し、小・中学生に起業家体験をしてもらうプログラムなどを展開していた。

そんな永崎氏が宇宙ビジネスに目をつけたのは「生徒らとチャレンジ精神を語り合ううちに、自分がもっと挑戦しなければと思うようになったからだ」という。その挑戦の舞台に選んだのが宇宙。「これほどもうかっていない領域はない」一方で、「仕組みを作れば事業化のチャンスはある」とにらんだ。

スペースBDが標榜するのは「宇宙商社」。衛星の打ち上げに関わる技術調整や安全審査といった業務を代行する。必要な宇宙機器の調達も手掛け、事業者の負担軽減を後押ししようというわけだ。

「面倒なことを引き受けます」

日米の宇宙関連企業や大学などに「面倒なことを引き受けます」とアピール。18年4月には東京大学から超小型衛星の打ち上げ業務を受託した。そして今回、JAXAから衛星放出事業の移管が決まった。

スペースBDでは衛星の作製から放出までを1500万円程度の費用で実現できるように

パートナー企業も発掘済み。これから永崎氏の古巣である三井物産と顧客を奪い合うことになるが、「我々はベンチャー枠。失敗を恐れずチャレンジしたい」と永崎氏は意気込む。

ＪＡＸＡでは超小型衛星の放出事業に続き、「きぼう」の実験設備の運営事業を民間開放することも想定しており、永崎氏は同事業にも関心を持っている。大きく開きつつある宇宙への扉。永崎氏のように勝負を挑む起業家が日本でも今後増えれば、宇宙産業の裾野はぐっと広がりそうだ。


（日経ビジネス２０１８年６月18日号の記事を再編集しました）

094

スペースX *SpaceX*

宇宙開発 ｜ 米国 ｜ 企業価値 ３０５億ドル（約3兆3550億円）

テスラCEOが宇宙でも狙う革命

米ＥＶ（電気自動車）メーカー、テスラＣＥＯ（最高経営責任者）のイーロン・マスク氏のもう一つの顔が宇宙開発ベンチャー、スペースＸのＣＥＯだ。

スペースＸも宇宙開発の革命児として存在感を急速に増している。主力のロケット「ファルコン9」は、世界各国の民間企業や政府から次々に人工衛星の打ち上げを受注している。2018年12月の打ち上げでは、17カ国の合計64基の人工衛星を同時に軌道投入させることを成功させ、高度な技術力を見せつけた。

かつて宇宙開発は、米国、ロシア、欧州連合（EU）、中国など国や地域が主導してきたが、スペースXの台頭により、見える景色はがらりと変わっている。民間が主役になる時代が到来しているのだ。

スペースXの宇宙ロケットの特徴も、ブルー・オリジンと同様にコストが高い一段目の再利用が可能なことにある。使い捨てだったロケットを再利用できれば、打ち上げコストは劇的に下がる。マスク氏は「打ち上げコストを100分の1に引き下げる」という目標を掲げ、開発に取り組んできた。

実際にスペースXの一段目ロケットの回収技術は進化し、再利用のメドは付きつつある。何度も実験を繰り返して、洋上の回収スペースに正確に着地できるようになりつつある。

再利用によりコスト競争力が高まり、打ち上げ精度も向上していること

スペースXの再利用可能なロケット「ファルコン9」

とが、スペースXの衛星打ち上げサービスが人気になっている背景にある。民間だけでなく、米航空宇宙局（NASA）や米軍も、スペースXの宇宙ロケットに頼っている。

さらにマスク氏は、全長70mの「ファルコンヘビー」と名付けられた大型ロケットも実用化させた。1つのセンターコアと2つのサイドブースターに27基のエンジンを搭載する同ロケットも、もちろん再利用可能だ。

19年4月のファルコンヘビーの打ち上げでは、分離された2つのサイドブースターがフロリダ州のケープカナベラル空軍基地に帰還。ロケットのセンターコアも、大西洋上のドローンシップに降り立った。

ロケットの再利用を可能にするカギを握るのが、AI（人工知能）を含む高度なソフトウエア技術。ハードウエアを精緻に制御する。こうしたソフトとハードを組み合わせた最先端の自動制御技術がスペースXの強みだ。

有人宇宙船の「ドラゴン」も開発

スペースXは有人宇宙船の「ドラゴン」も開発。貨物と人間を安全に目的地まで届けたり、地球に帰還させたりすることを実現させようとしている。ドラゴンは最大7人の乗客を運ぶことが可能で、19年3月には国際宇宙ステーション（ＩＳＳ）との自動ドッキングも成功させた。

マスク氏の夢である「人類を火星に移住させる計画」を視野に、次世代の超巨大ロケット「ＢＦＲ（ビッグ・ファルコン・ロケット）」の開発も進めている。全長１１８ｍ、直径９ｍで、31基のエンジンを搭載。１５０トンの貨物を搭載できる。

１００人が乗れる巨大宇宙船で火星目指す

有人宇宙船として使う場合、１００人が搭乗できるという。まさにＳＦの世界を体現するような宇宙船だ。スペースＸは19年にＢＦＲの試験機を打ち上げ、22年には無人の火星着陸ミッション、さらに24年には人間を火星に送り込むことを目指している。

宇宙開発の常識を破壊するマスク氏は、有人宇宙船による月の周回飛行も計画する。人類の宇宙利用のあり方を変え、歴史を塗り替えようとしている。

スペースXが開発する100人乗りの巨大宇宙ロケット「BFR」が1段目のブースターを切り離すイメージ図

Data Analysis/
Energy/
Materials

第 16 章　データ分析・エネルギー・素材

095

アベジャ ABEJA

データ解析

データ解析で〝現場力〟を向上

日本

企業価値 235億円

ＡＩ（人工知能）を活用したデータ解析を手がけるベンチャー、ＡＢＥＪＡ（アベジャ、東京・港）。とりわけ強みがあるのが、小売店向けのデータ解析だ。店舗に設置したカメラの動画から、来店者の人数や年齢、性別、店内の回遊状況などを可視化して分析できるようにする。

店長など運営責任者の勘や経験に頼って販売施策を取る小売店が多いが、データ解析をベースにした科学的なアプローチを使うと、店舗の課題や改善すべき点が明確化され、新たな施策がどれだけ効果があったかも検証しやすくなるという。月額課金の手ごろな価格で利用できるため、スーパー大手やメガネ専門店など、多数の小売店が導入している。

製造現場でも利用が拡大している。工場の熟練技能者の作業工程を分析して定量化し、新人の作業効率を高めるためのマニュアル作りに役立てることを可能にする。自動車部品メーカーなどで実際に使われているという。

検品の自動化にも役立つ。ベテラン技能者の優れたノウハウをＡＩに学ばせ、良品かどうかの判定や、不良品の検知を自動化する。スキルレベルによる精度のばらつきがない自動検品を実現する。携帯型端末向け部品のメーカーなどで採用が進んでいるという。

商品の仕分けでは、商品の画像やラベルデータをＡＩが学び、それぞれの商品が何かを判別。人手に依存していた商品の選別作業を、自動化することが可能になる。

ディープラーニングに強み

アベジャのＡＩによるデータ解析は汎用性が高く、すでに１５０社以上で導入されているという。ディープラーニング（深層学習）に強みがあり、カメラで撮影するなどした大量のデータを学習させることで、優れた人間のノウハウを解析し、自動化につなげることを得意としている。

小売店から製造業に顧客基盤を拡大してきたアベジャ。運送業向けの危険運転のリスク軽減、故障問い合わせを受け付けるサポートセンターの効率化、需要に応じて価格をリアルタイムに変動させる「ダイナミックプライシング」などにも事業領域を広げようとしている。

096

エリーパワー ELIIY Power

蓄電システム

日本

企業価値 404億円

電力を〝貯蔵〟し、エネルギーを有効利用

二酸化炭素を排出する石炭やガスを燃料とする火力発電に対する批判が高まり、再生可能エネルギーが注目を集めている。再エネでは、太陽光発電や風力発電の普及が進もうとしている。だが、再エネには課題もある。発電量が一定しないことだ。風力発電は風の強さにより発電量が変化。太陽光発電も、天気や時間により発電量が変わる。

そこで注目を集めるのが発電した電力を貯めておく「蓄電」技術だ。発電所に大型の蓄電池を設置しておけば、発電した電気を〝貯蔵〟しておき、電力需要が高まった時に供給することができる。家庭でも太陽光発電システムなどで発電した電力を貯めることができる蓄電システムの需要が高まっている。

米EV（電気自動車）ベンチャー、テスラも同様の考えから、蓄電システムを開発。一般家庭から工場にまで、大容量のリチウムイオン電池を搭載する蓄電システムを売り込んでいる。

日本で、このような蓄電システムに積極的に取り組んでいるベンチャーがエリーパワー（東

京・品川）だ。家庭用と企業向けに様々な蓄電システムを開発している。エリーパワーの技術の特徴は、蓄電システムに搭載する大型リチウムイオン電池のセルをすべて自社の国内工場で生産していることにある。

「安全性」と「長寿命」が特徴

「安全性」を重視しており、電池セルの正極材には「リン酸鉄リチウム」という安全性の高い素材を採用。釘刺しや、圧壊、過充電などのトラブルが発生した場合にも、熱暴走することなく、発火しないという。リチウムイオン電池は発火リスクが高いというイメージがあるため、安全面に気を配っている。

「長寿命」も売り物にしている。10年間、約1万2000回の充放電を繰り返しても、電池容量の保持率は約80％で、長期的に使い続けることができるという。

大和ハウスグループや、東レ、国際石油開発帝石、ＳＢＩグループ、大日本印刷、スズキが出資するなど、協力関係も広がっている。

エリーパワーは、2006年に、旧住友銀行の副頭取を経て、住銀リース社長を務めた吉田博一氏が69歳で創業した。遅咲きの起業家だが、挑戦する市場は若く、成長の可能性は大きい。

097

パネイル Panair

電力小売り向けプラットフォーム

日本

企業価値 801億円

AIとビッグデータで、電力流通コストを削減

電力自由化が進む中で、「台風の目」になっているベンチャーがある。電力小売り向けに、AI（人工知能）とビッグデータを活用して電力流通コストを大幅に削減する基幹システムを提供するパネイル（東京・千代田）だ。

パネイルが提供する「パネイルクラウド」というプラットフォームは、以前は人手に頼っていた営業、顧客管理、需給管理や電源調達などの業務の多くを、AIを含むITを活用することで自動化。売上高に占める販売管理費の比率を、業界平均の半分〜3分の1程度に引き下げられるという。

RPA（ロボティック・プロセス・オートメーション）と呼ばれるソフトウエア技術により、人間が手掛けてきた定型的な事務作業を自動化し、効率化するソリューションも提供する。

当初は自由化で増加する電力小売り向けに、プラットフォームを提供することを目指していたが、実績がないことに二の足を踏む企業も多かった。そこで、ショーケースを作って実績を

示そうと、パネイル自らが電力小売り事業に乗り出した。

今では「札幌電力」「宮城電力」「東日本電力」「東海電力」「西日本電力」「広島電力」「福岡電力」など、全国に7つの電力小売り子会社を持ち、サービスを提供している。

東京電力グループと提携

2018年4月には、東京電力ホールディングス傘下の小売事業者、東京電力エナジーパートナー（EP）と組んで、電力やガスを全国で販売する新会社を立ちあげ、翌月からサービスを開始した。

共同出資の新会社の名前はPinT（ピント、東京・千代田）で、東電EPが60％、パネイルが40％を出資。20年度までに150万件の顧客獲得を目指すという意欲的な目標を打ち出している。

業界のリーダーが、パネイルの技術を認めたことは、同社の今後の事業展開にとり、追い風になる。PinTは、ガスの小売りも提供することに加えて、18年10月に通信事業にも参入。自動化により、販管費を低く抑えることができるパネイルのプラットフォームは、電力以外の事業展開にも役立ちそうだ。

パネイルを創業したのは、CEO（最高経営責任者）の名越達彦氏。東京工業大学卒業後、インターネット大手のディー・エヌ・エー（DeNA）などを経て、12年にパネイルを立ち上げた。当初狙っていた太陽光発電事業者と顧客を結びつけるマッチングサービスが挫折するなど、苦労も多かった。だが、電力自由化を視野に、電力小売りの業務を効率化できるシステムを開発し、資金調達を成功させて活路を切り開いてきた。

パネイルの売上高は急拡大しており、企業価値も1000億円に近づいている。日本発の次のユニコーンとして期待が高まっている。

098

スマートニュース SmartNews

ニュースアプリ

日本

企業価値 561億円

興味があるニュースをAIが選んで表示

利用者ごとの関心事をデータ分析で割り出し、それに合わせて記事を配信する「ニュースキュレーションアプリ」を提供するのがスマートニュース（東京・渋谷）だ。

スマートフォン向けのアプリは4000万ダウンロードに達し、ニュースアプリの中でナンバーワンのアクティブユーザー数を誇る。配信メディアの数も2700以上と多い。

なぜスマートニュースは支持を集めているのか。

毎日、大量のニュースが生まれる中で、新聞社などの個別のメディアサイトをいちいちチェックするのは面倒だ。かといって、総合ニュースサイトを見ても、興味がないニュースも多く、知りたい情報を探すのは面倒くさい。

これに対してスマートニュースは、個々のユーザーが関心を持つ情報を得やすい。スマートニュースが個々人の属性や興味に合わせて、おすすめ記事を表示。「パーソナライズされた発見」を提供することを目指している。例えば、朝・昼・晩の定刻に、2~3タイトルのおすすめ記事を「プッシュ通知」する。

好みに合うニュースを優先的に表示

個々のユーザーが関心を持ちそうなニュースは何かを選別するために、AI(人工知能)を活用。膨大なニュースの洪水の中から、「どれが今読むべきニュースなのか」をAIが選んで表示する。自分の好みに合ったニュースが優先的に表示されるとユーザーの満足度も高まり、よりアプリを利用するようになるからだ。カスタマイズ機能もあり、利用者は自分で関心のあるカテゴリを選んで、上位に表示させたり、興味のないカテゴリを削除したりすることも可能になっている。

記事を提供する新聞や雑誌、テレビなどのメディア側にとってもメリットはある。ブランド認知を高められることに加えて、スマートニュースが得た広告収入の一部をメディア側に支払ってくれるからだ。

クーポンや英語学習のサービスも提供

スマートニュースは、ニュース以外にクーポンチャンネルも提供。全国2万5000店以上で使えるお得なクーポンを配信する。ファミリーレストランの「ガスト」や焼き肉の「牛角」、牛丼の「吉野家」、マクドナルドなど様々な外食チェーンで割引を得られる。

英語学習チャンネルも開設。『感動した〜！』は英語でなんて言う？」といった英会話上達のためのコラム。英作文を鍛えるコラムなど、日々更新される様々な英語関連のコラムが充実しており、英語のニュースも読むことができる。

スマートニュースは米国にも進出しており、ニューヨークとサンフランシスコにオフィスも開設している。米国でもアプリを提供し、グローバル展開に取り組んでいる。

099

TBM *TBM*

新素材

日本

企業価値 563億円

環境負荷が小さい新素材で、プラスチック代替

名刺、クリアファイル、茶碗、食品トレー。下の写真にある光沢を帯びたなめらかな手触りの製品は、いずれもベンチャーのTBM(東京・中央)が開発した新素材の「LIMEX(ライメックス)」で、できている。ライメックスは「石灰石」を意味する「ライムストーン」から生まれた造語。原料は炭酸カルシウムが主成分の石灰石と樹脂だ。石灰石と混合する樹脂の種類や量を変えることで、紙のように薄く延ばしたり、立体的に成形したりできる。破れにくく、耐水性があり、軽量で耐久性にも優れ、用途は幅広い。

一番の特徴は、製造時の環境負荷が小さいこと。通常、1トンの紙を作るためには、20本の木と100トンの水が必要だが、ライメックスの薄いシートの製造には木材や水が不要。プラスチックを製造する場合

石灰石(写真後方)が原料の新素材「ライメックス」。紙のようにしなやかなシートは破れにくく、耐水性もある(写真=竹井 俊晴)

と比べても、石油の使用量を大幅に削減できるという。

原料となる石灰石は世界中に大量に埋蔵されており、日本各地にも豊富に存在する。また、シート状のライメックスは再利用も可能で、使用後に回収してペレットにすれば、プラスチック代替製品として再加工できる。「森林や水資源の保護は世界的な重要なテーマ。日本発の新素材としてライメックスを世界中に発信したい」。TBMの山﨑敦義社長はこう意気込む。

専門家が商品開発のサポート役に

2010年、山﨑氏は石灰石を使った新素材の開発を始めることを決断。専門知識が少ない山﨑氏のサポート役になったのが、日本製紙の元専務取締役だった角祐一郎氏。11年にTBMに参画し、後に同社会長に就任した。

角氏を中心に開発チームをつくり、研究開発を本格化。12年6月には日立造船と成形技術に関する共同開発を開始し、13年2月には経済産業省の「イノベーション拠点立地推進事業」にも採択された。15年2月には宮城県白石市に試験生産のための工場が完成して量産を開始。20年には5倍の生産能力を備えた第2工場を多賀城市に建設する予定だ。

ライメックスを使う名刺は16年6月の発売以来、ベンチャーから大企業まで2000社以上が導入。「ライメックスの知名度向上に一役買っている」(山﨑氏)。17年6月には回転ずし大手がメニュー表の素材にライメックスを採用。建築資材などへの応用も視野に入れる。

近年、「マイクロプラスチック」と呼ばれる微小なプラスチックごみによる海洋汚染が深刻化しており、欧米では使い捨てのプラスチック製品を規制する動きもある。「時代はライメックスを必要としている。圧倒的な努力と熱量で取り組み、社会を変えたい」(山﨑氏)。巨額の投資回収にはもちろんハードルもある。山﨑社長の壮大な挑戦はこれから本番を迎える。

(日経ビジネスの2018年5月7日号の記事を再編集しました)

100 トレジャーデータ Treasure Data

ビッグデータ解析 ― 米国 ― 企業価値 6億ドル(660億円)

“宝の山”のデータから顧客を解析

「顧客の本当の姿が見えない」。そう悩む企業は多い。

一つの理由は、多くの企業で、顧客データを社内外の様々な部署で別々に管理していることにある。自動車メーカーを例にとると、クルマの情報などを提供する自社サイトのデータ、広告配信のデータ、ディーラーの販売情報、イベント参加者のデータなどがある。

1人の顧客に関するデータを、別々の部署で分断的に扱っていると、同じ人物の行動が正確に分からなくなる。企業側の対応いかんによっては、顧客が自分のことが理解されていないと感じる可能性すらある。顧客からすれば、1つのメーカーのクルマの情報を集めて、ディーラーで購入し、イベントに参加しているつもりでも、企業側が全体像を把握できていないからだ。

このように分散的に存在する大量の顧客データを短期間に1つに統合して解析できる、ビッグデータ解析のプラットフォームを提供するのが米シリコンバレーに本社を置くトレジャーデータだ。

顧客の本当の姿を正確に把握できると、どのようなメリットが生まれるのか。顧客満足度を高められることに加えて、広告やイベント勧誘などのマーケティング活動の精度を高め、販売につなげやすくなる。

自動車業界ではSUBARU、飲料メーカーではキリンやサントリー、化粧品では資生堂、アパレルではユナイテッドアローズ、金融ではクレディセゾンなど350社以上がトレジャーデータの顧客になっている。顧客データの一元管理をマーケティングに役立てようとする会社が多い。

トレジャーデータは2011年、米レッドハットや三井物産のベンチャー投資チームで働いた経験を持つ芳川裕誠氏らが米シリコンバレーで創業した。クラウドベースのビッグデータ解析で注目を集め、13年に日本へ逆進出。短期間で大手企業を中心とする顧客を次々に獲得し、ビジネスを拡大した。

ソフトバンク傘下のARMが買収

18年8月、トレジャーデータは、ソフトバンクグループ傘下の半導体メーカーの英アーム（ARM）に6億ドル（約660億円）で買収された。アームはIoT（モノのインターネット）戦略を強化しており、デバイスからデータまでを一貫して管理できるIoTプラットフォームの実現を目指している。そこでビッグデータ解析にたけるトレジャーデータに目を付けた。IoTでも多様なデータを統合し、解析する技術が求められているからだ。

「35年までに1兆台のデバイスがネットワークに接続されることで、全ての産業が再定義される」。ソフトバンクとアームはそんなIoTの未来を描く。膨大なデータ活用が求められる時代に向けて、トレジャーデータの価値はますます高まりそうだ。

おわりに　日本のスタートアップが飛躍する条件

失われた30年――。そう呼ばれてきた「平成」が終わった。

バブル景気とその崩壊で幕を開け、リーマンショックや大規模な震災など未曾有の災害が相次いだ。だがこの先の日本にはさらに厳しい未来が待ち受ける。２０２５年ごろには国民の約3割が65歳以上になる見通しだ。このままでは、生産年齢人口の急減とともに、日本は沈みかねない。

長期低迷にあえいだ「平成時代」に区切りをつけ、反転攻勢に出る必要がある。カギを握るのが、新産業を生み出すスタートアップ。日本勢にも飛躍のチャンスはある。

権勢を誇ってきた「ＧＡＦＡ」にも、変調の兆しが見え始めた。19年1月、フランスがＩＴ大手への「デジタル課税」を発動。既に18年5月には欧州連合（ＥＵ）が、個人情報保護を目的とした一般データ保護規則（ＧＤＰＲ）を施行した。「無料で収集した個人情報を活用し、利益を極大化するというＧＡＦＡのビジネスモデルは、転換点を迎えている」。アーサー・ディ・リトル・ジャパンの鈴木裕人パートナーは、そう指摘する。

ＧＡＦＡが短期間に巨大化したのは、大型の店舗や工場を持たない「バーチャルインフラ」の側面が強かったからだ。ＩＴ革命の波頭をとらえることで、一気にスケールアップできた。しかし、追い風は逆風に変わった。GAFAの拡大を下支えした世界のスマートフォン出荷台数は、18年に入り減少に転じている。

前出の鈴木氏は「アップルには『ソニー化』の兆候が表れ始めている」と指摘する。創業者であるスティーブ・ジョブズ氏の死後、アップルはiPhoneを超えるイノベーションを起こしていない。ソニーも創業者が世を去ってから勢いを失い、復活するまでにはかなりの時間を要した。

グーグルでさえも盤石ではない。今後各国の独占禁止法をクリアするには、圧倒的な優位を誇る検索とモバイル市場で戦略見直しを迫られかねない。かつてマイクロソフトが苦戦する間にグーグルが躍進したように、本書で紹介してきた様々な成長分野で出現した「新星」にも食い込む隙が出てきたのだ。ニッチ市場を深掘りすることにたけ、多様な産業集積を持つ日本にとってはチャンスだ。

日本のユニコーンは1社のみ

しかし現状は、日本から世界的なベンチャーが勃興する状況にはない。米CBインサイツによると、評価額10億ドル以上の非上場企業「ユニコーン」は世界で237社(18年3月時点)。

その約50％を米国、約26％を中国が占める。18年末時点で推計しても、日本はプリファード・ネットワークスの1社のみだ。日本が強いはずの自動車産業でも、自動運転や空飛ぶ車、ライドシェアなど、イノベーションを先導するのは海外勢だ。

「郵便馬車を何台つないでも、決して鉄道を得ることはできない」。『経済発展の理論』を著したヨーゼフ・シュンペーターの言だ。大手企業がいくら努力しても、「既存事業の延長線上では、画期的なイノベーションは起きない」（米スタンフォード大学アジア太平洋研究所の櫛田健児研究員）。だからこそ、スタートアップが必要なのだ。

口で言うのはたやすい。だが本当に世界と互角に戦うには、日本は放置してきた積年の課題を克服する必要がある。

まずは「若手起業家の育成」だ。資金や技術を持つ経営者は一歩引いた立場から「次世代のヒーローを育ててリターンを得ることに注力すべき。若手とベテランの『分業』ができていることが、シリコンバレーの活力の源泉だ」。そう語る

米中が世界の4分の3を占める

●世界のユニコーン企業数（2018年3月時点）

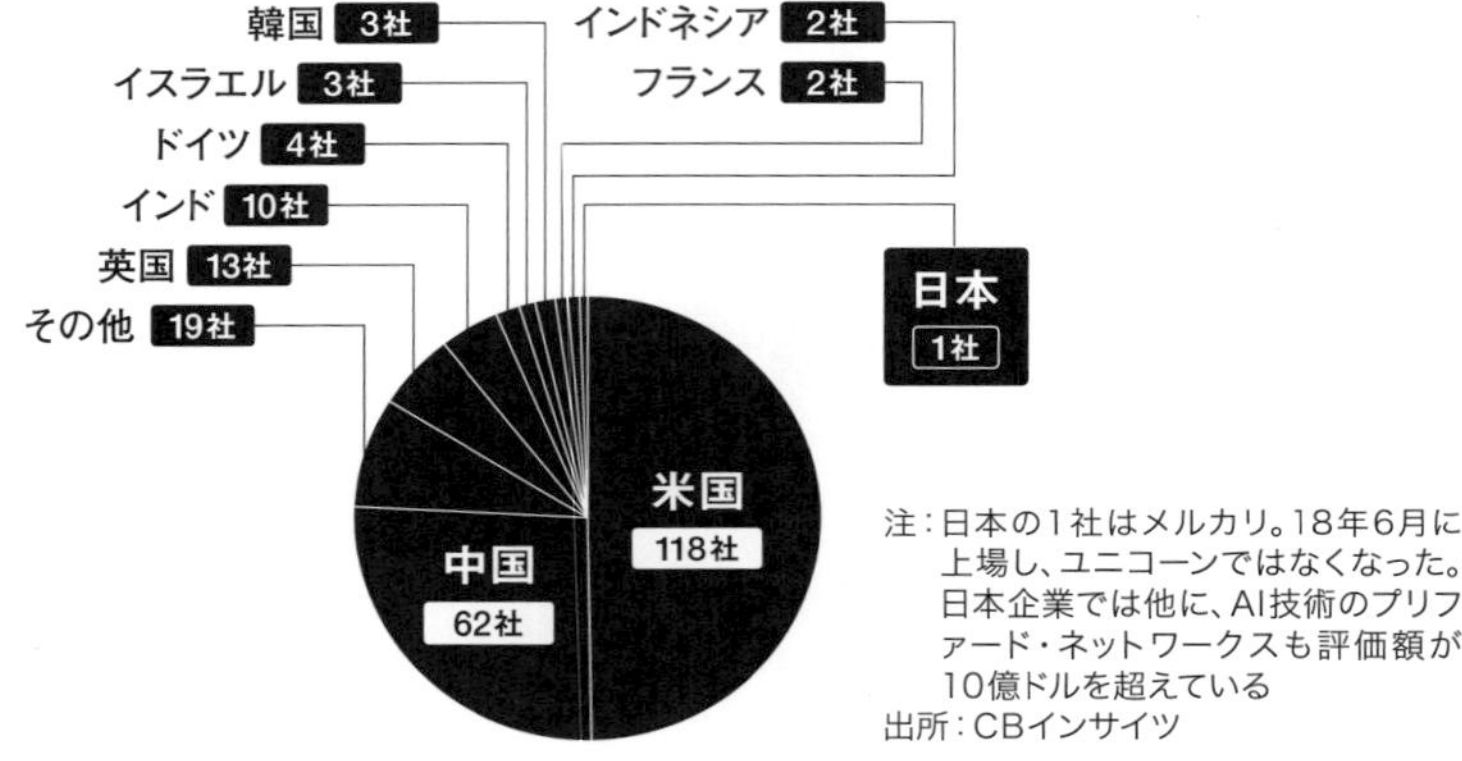

注：日本の1社はメルカリ。18年6月に上場し、ユニコーンではなくなった。日本企業では他に、AI技術のプリファード・ネットワークスも評価額が10億ドルを超えている
出所：CBインサイツ

のは、同地でベンチャー支援をする『テクノロジーの地政学』(日経BP)の著者、吉川欣也氏だ。

シリコンバレーで起業する人の平均年齢は30代とされる。一方、日本では60代以上が全体の3分の1を占める。「人生100年時代」を迎え、シニアが新事業を立ち上げるケースは増えるだろう。それは喜ばしいが、新しい感性とバイタリティーを持つ若手を、ベテランならではの経験や人脈で「後方支援」する方が互いの長所が生きやすい。

克服すべきもう一つの課題は「臆病気質」だ。ベンチャーキャピタルWiLの伊佐山元共同創業者兼CEOは、「スタンフォード大学ビジネススクールでは、卒業生の半分は名もないベンチャーに就職するか、起業する。ところが日本では優秀な人材が大企業に流れてしまう。これがスタートアップの誕生を阻む最大のボトルネック」だという。背景にあるのは未開の領域にチャレンジすることを十分に評価しない、日本の精神風土だ。

勝負を分ける「失敗の経験」

「日本の企業人は、『失敗の経験』を評価する米国流、『考えるよりまず動く』中国流、そして両国に通じる『口八丁』を見習う必要がある」。早稲田大学の村元康客員教授は、そう指摘する。

慎重・熟慮・謙虚という日本人の美徳は、戦後のモノづくりではプラスに働いた。だが産業全体がサービス化し、環境変化が劇的に速くなった今、逆に足かせになる場面が増えている。

何が正解か分からない先端的な分野では、試行錯誤した「経験値」の差が勝敗を分ける。村元客員教授は「失敗を恐れ、失敗した人を『浅慮』『拙速』とおとしめる風潮を改めない限り、米中に対する勝ち目はない」と戒める。

産業の「実力」で劣るはずのない日本が、ユニコーン企業数では米中の足元にも及ばないのは、「プレゼン能力の低さが主因」。そう指摘するのは、高千穂大学の永井竜之介准教授。「彼らは事業の『将来性』を熱っぽく語って市場の評価を取りつけることにたけている。技術力では日本企業が上回っていても、資金力の差で負けることが多い」

こうした日本が克服すべき課題に共通するのは、いずれも日本人や日本企業に「内在する問題」だということだ。自ら変わる意志さえ持てば、今日からでも状況を変えることはできる。

２０１９年６月　日経ビジネス編集部

（日経ビジネス２０１９年１月14日号特集を再編集・加筆しました）

10年後のGAFAを探せ
世界を変える100社

2019年6月24日　第1版第1刷発行
2019年7月19日　第1版第2刷発行

編　集　日経ビジネス
山崎 良兵、小笠原 啓、吉岡 陽、藤村 広平、
篠原 匡、広岡 延隆、大西 孝弘、飯山 辰之介、
中田 敦、平田 秀俊、池松 由香、武田 安恵、
大竹 剛、北西 厚一

発行者　廣松 隆志

発　行　日経BP

発　売　日経BPマーケティング
〒105-8308　東京都港区虎ノ門4-3-12
https://business.nikkei.com

装　丁　谷口宏佳（エステム）

制　作　エステム

印刷・製本　大日本印刷株式会社

ISBN978-4-296-10278-5